激変する社会と差別撤廃論

部落解放運動の再構築にむけて

北口末広
kitaguchi suehiro

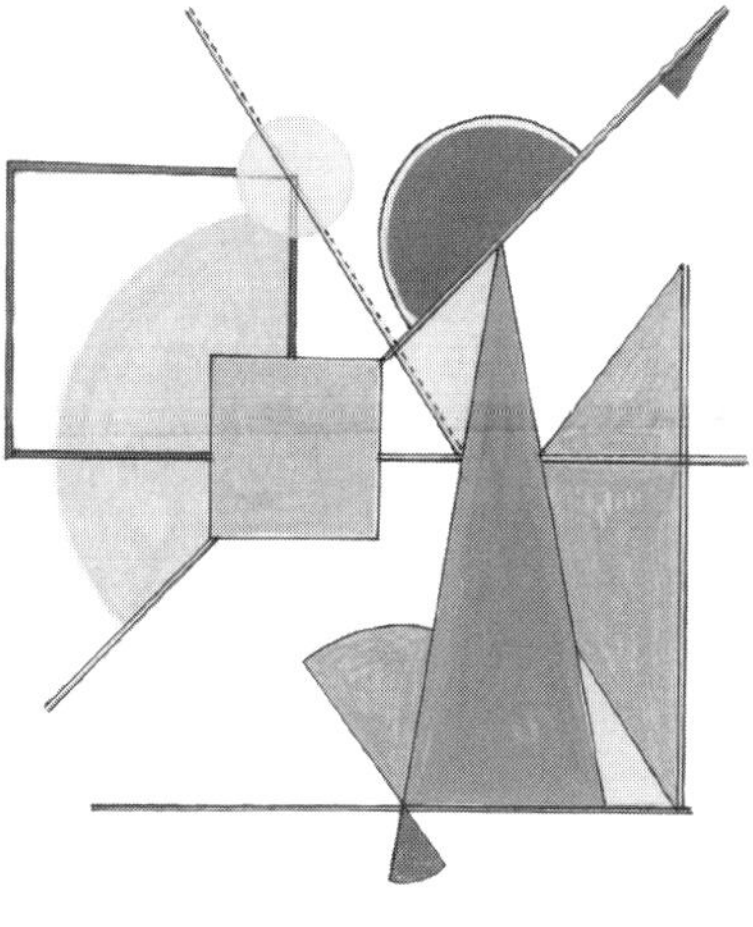

解放出版社

はじめに

IT（情報技術）革命の影響で社会は激変している。この激変する社会を活用できるか否かが、政治・経済をはじめとするあらゆる分野の浮沈を決する。部落解放運動や多くの分野の差別撤廃運動も同様である。まさにクライシス（危機）とチャンス（好機）が併存している状況である。率直にいって部落解放運動は、IT革命の成果を十分に活用できていない。しかしクライシスをチャンスにすることは可能である。

部落解放運動も社会の危機的状況から生まれた。一九二二年の全国水平社創立は、一九一八年の米騒動なくして考えられない。米騒動はロシア革命に干渉するためのシベリア「出兵」にともなう米価高騰が、貧しい民衆の生活を危機的なものにし、自然発生的に起こった大衆運動である。見方を変えれば米価高騰に代表される生活や社会のクライシスが全国水平社創立というチャンスを作り出したといえる。まさに部落解放運動の原点も「クライシスをチャンス」にしたのである。

　そうした意味で今日もまた新たな部落解放運動を創造していくチャンスである。そのためにも視点・観点・発想の大転換が必要なのである。社会は常に変化している。変化している現実を敏感に読み取り、それを差別撤廃・人権確立の方向へ確実に向けていくことである。ワンパターンの理論や教条だけで、めまぐるしく変化する複雑な現実を捉えることはできない。複雑な現実を捉えることができなければ現実に対応した的確な方針を出すこともできない。

　かつて拙著で「思考の壁」について述べたときに、米国の国際的ビジネス都市に近接している海に浮かぶ島の住宅地を紹介したことがあった。この住宅地の最大の難点はビジネス都市に向かう有料道路料金所の朝の渋滞にあった。逆方向のビジネス都市から島の住宅地に向かう帰路の料金所は、帰宅時間が分散していたことによって渋滞にはならなかった。ＥＴＣもなかった時代、この難点をいかに解消したか。答えは極めて簡単なものであり、朝の渋滞を完全に解消することができた。発想を転換するまでまったく答えが出なかった課題である。答えは島から出るときの渋滞になる料金所を取り除き、島へ戻ってくるときの料金所で二倍の料金を取っただけなのである。これで朝の渋滞は解消し、渋滞を嫌っていた人々も有料道路を利用するようになり料金収入も増えた。渋滞時の排気ガスは減り、料金所を一カ所にしたことによって人件費は削減でき、多くの利用者からは喜ばれたのである。この発想も、有料道路は入ってから出るまでの間に料金を徴収しないと取れない、という発想に縛られておれば出てこない。このように視点・観点・発想を変えれば新たな方針を創造することができる。今、あらゆる分野にそうした発想転換が求められている。部落解放運動も同様である。

例えばロック・クライミングでは単なる岩の凹凸が足がかりになるように、社会にはビジネスにとっても、人権活動にとっても、活用できるものは見方によっては無尽蔵にある。それらの宝の山が見えないのは、視点・観点・発想が固定化しているとともに、現実と目標が明確に見えていないからである。

ヨットは逆風のときも自身の位置と目標が明確であれば、その逆風を活用し、斜めに進みながらも目標に近づく。岩の凹凸が単なるデコボコにしか見えないか、ロック・クライミングの足がかりに見えるのかの違いは、発想が固定化しているか否かの違いである。困難な時代だからこそ「クライシスをチャンス」にするような興味深い宝探しの冒険が必要なのである。「失敗を恐れる者は成功は勝ち取れない」という言葉が存在するが、「失敗を恐れず」全国水平社を創立した先達の精神をふまえ、IT革命の進化を十分に活用する部落解放運動や差別撤廃運動を展開することが今ほど求められている時代はない。

本書ではＩＴ革命と人口変動を事例に激変する社会を分析し、これまでの部落解放運動の積極面を継承するためにいかなる方針と実践が求められているかを執筆した。

とりわけ第一章「激変する社会と人口変動・ＩＴ革命」で、少子高齢化に代表される人口変動が社会に与えている影響について論じるとともに、そうした変動が被差別部落に及ぼす影響についても解説した。その中で加速度的に高齢化をともないつつ地方から人口が減少しており、部落解放運動にとっては死活的な問題になっている現実を紹介した。日本では七〇歳以上の高齢者がすでに全人口の二〇％を超えている現実を紹介し、後期高齢者が二〇五四年頃まで増加する現実を明らかにした。これらが政治、経済、社会に劇的な影響を与えている状況を記した。

一方で劇的な人口変動をクライシスとだけ捉えるのではなく、チャンスにする発想の重要性についても述べた。それらのヒントは人口が少ない国で栄えている国にあることを紹介し、同じ思考、枠組みで考えるだけではなく、厳しい現実を味方にする発想の転換についても解説した。

また時代の急速な変化に部落解放運動が十分に対応できていない現実や、内外情勢の大きな変化に対してスピード感をもって取り組めていないことが、部落解放運動にとって死活的な問題であることを解説した。問題は外部だけではなく柔軟に対応できていない内部にもあることを分析し、柔軟に対応できない思考の壁が生まれる原因についても論究した。

第二章「部落解放運動を変革するために」では、第一章で述べた激変する社会とともに部落解放運動内の状況も大きく変化し、運動の改革・創造が求められていることや時代の特徴をふまえた運動の課題について分析した。そうしたなかで全国水平社創立一〇〇年に当たる二〇二二年を契機にした部落解放運動の再構築について論じた。原則を堅持しつつも柔軟な発想で再構築を行うことの重要性や、激変する時代で生き残るのは強い組織よりも柔軟に対応できる組織であることを紹介し、情報化の進展によって社会も大きく変貌するなかで部落解放運動の抜本的な改革が求められていることを解説した。

こうした改革の大前提が、部落解放運動や部落差別を取り巻く現実の厳正な把握であり、方針が現実から与えられることを忘れてはならないことを強調した。そのための調査の必要性やそれらをふまえた差別の背景・原因の正確な把握と明確なビジョンの必要性について論究した。以上をふまえた上で第三章から第六章までにサイバー部落解放運動の重要性等について執筆した。

各地域で厳しい状況下において日夜を問わず活動を推進している部落解放運動のリーダーや

多くの支援者、協力者、理解者等に読んでいただければ望外の幸せである。

第一章 激変する社会と人口変動・IT革命

高齢化をともないつつ人口が減少していくなかで、部落解放運動も大きな影響を受け、運動パワーは確実に低下してきている。

今日、部落解放運動にはネット上の悪質な差別事件など数多くの課題が存在する。この章ではこれらの課題を言及するのではなく、これらの課題を課せられている部落解放運動を取り巻く社会情勢について考察していきたい。とりわけ人口減少社会が日本社会だけでなく部落解放運動にも未曾有の影響を与えていることを分析し、これらの社会的特徴をふまえた部落解放運動のあり方について考えていきたい。

現在、地方自治体の行財政悪化が同和行政や人権政策の後退につながり、部落解放運動にも多大な影響を与えている。経済の矛盾が集中的に現れるといわれる被差別部落の生活は一層厳しくなっており、これまでの部落差別撤廃行政の成果が大きく損なわれてきている。また土地差別調査事件やネット上の差別扇動ともいえる多くの差別事件は、部落差別の根幹に関わる問題であり、今日の部落差別の根深さを顕著に示したものといえる。

こうした状況を改善し部落差別の完全撤廃と人権確立を前進させることは部落解放運動の重大な使命である。

1 人口減少社会と部落差別の撤廃

▼加速度的に高齢化をともないつつ地方から人口減少

まず人口は日本経済や社会における最も重要な基盤であることを再確認しておきたい。日本の人口ピークは二〇〇五年～二〇一〇年であり、その一〇年前の一九九五年には生産年齢人口（一五歳～六四歳）のピークをすでに迎えていた。人口減少以上に生産年齢人口の減少は先行して進んでいたのである。

社会的課題が飛躍的に増加していくなかで、人口減少とりわけ生産年齢人口の減少が進み、働く人々が減少し続けているのである。一般的に生産年齢人口が減少し、高齢者人口が増加することは、税収が減り、社会保障関連費が増加することにつながる。

日本の合計特殊出生率は最悪だった二〇〇五年の一・二六から回復してきたとはいえ、いまだ一・四程度である。人口が維持される水準である二・〇七からみれば圧倒的に少ない。こうした状況のなかで人口減少問題は一層深刻になってきている。地方においては人口再生産力を失っているところが加速度的に増加している。おそらく国立社会保障人口問題研究所が予測している以上に人口減少は進むといえる。

また二〇三〇年時点で高齢者人口と生産年齢人口を合わせると九〇・三％になり、子ども（〇歳～一四歳）人口は九・三％になると予測されている。

少子高齢化の問題を解決するのは極めて困難なことであり、すでに最も子どもを生む年齢層である二五歳から三五歳の女性が急速に減少している。女性一人当たりの子どもを生む数が増えたとしても、生む女性の人口が少なく簡単に人口は増加しない。出生率が二・〇七になったとしても、人口減少が止まるのは六十数年後である。

例えば二〇〇五年と二〇三五年の人口推定は次のようになる。北海道は五六二万人から四四一万人に、奈良県は一四二万人から一一〇万人に、和歌山県は一〇三万人から七三万人に、四国四県は合わせて四〇八万人から三一四万人になる。そして二〇二五年以降に、東京都も含めすべての都道府県で人口が減少していく。

この人口減少には二つの特徴がある。一つは高齢化をともないつつ人口が減少し、もう一つは周辺部・地方から人口が減少するという特徴である。人口減少が周辺部に比べて緩やかな都市部では人口減少以上に高齢化が大きな問題になる。その最たる都市が東京で、二〇〇五年から二〇三五年の高齢者増加率は全国平均の三四・七%に対して、東京では六七・五%になると予測されている。

これらの変化は行財政にも大きな影響を与える。生産年齢人口が減少することによって税収は減少し、社会保障関連費は増加する。

大阪や東京は、かつて団塊世代が集団就職で集まってきた都市である。二〇〇一年から二〇〇五年で、最も生産年齢人口が減少したのは大阪府である。集団就職で来た人々が高齢者人口の仲間入りをしたことも大きく影響しているが、それだけではない。大阪からは本社機能が東京に移転し、工場が減少したことも影響している。一方、東京は首都として地方から多くの人々を集めてきたことによって、これまでは大阪のようにならなかった。今後は一挙に高齢化が進む。大阪の経済的地盤沈下は、以上のような生産年齢人口の減少が大きく影響しているのである。

地方においても高齢化と周辺部が一層減少する傾向をともないながら人口減が加速すること

によって、周辺部及び生産年齢人口がより早く減少していくことになる。

水平社発祥の地、奈良でも三〇万人減少する。もともと奈良県は奈良市内に人口が集中している県である。それが周辺部の町の人口減少によって、周辺部の過疎化は一層顕著になる。全国的にみても二〇一〇年から二〇四〇年に若年女性人口が五〇％以上減少する市町村は三七三に達し、二〇四〇年に人口一万人以下の市町村は二四三になる。その後消滅する可能性もあるという研究成果も存在する。

全国各地の地方に存在する部落解放運動組織は、その地域そのものの人口減少と高齢化をともないながら構成員の激減と高齢化が一層進み、消滅している地域組織もある。

和歌山県でも、和歌山市内の人口も減少するが、周辺部はさらに減少することになり、農業や漁業に大きな悪影響をもたらす。私たちはそうした人口動向の基盤の上に部落解放運動があるということを直視する必要がある。これまで社会の矛盾が被差別部落に集中して現れるといってきた。人口問題も被差別部落に集中・先行して現れているということを再確認する必要がある。

以上のような人口減少は部落解放運動にも多大な影響を与える。少子高齢化をともなう人口減少や国内外の変化をふまえた根本的な改革を行わない限り部落解放運動は、より一層速いスピードで衰退し影響力は低下していく。すでにその傾向は顕著である。しかし人権課題は社会の進歩、科学技術の進歩とともに、より高度で複雑で重大な問題になっていく。部落解放運動が部落差別だけでなく、多くの差別撤廃・人権確立の課題に取り組むためには、これまで以上に多様な影響力を持つ必要がある。そうならなければ部落差別撤廃も前進しない。そのためにも発想の転換と根本的な改革が求められる。

▼人口減少が部落解放運動にも大きな影響を与えている

日本社会の矛盾と衰退が、そのまま集中的に部落解放運動にも現れている。日本各地で増加している限界集落のように、地方の被差別部落の限界集落化が急激に進み、やがて消滅集落になろうとしている。

限界集落とは、住民の五〇％以上が六五歳以上で、生活道や林野の整備、冠婚葬祭など共同体としての機能を果たせなくなり、維持が限界に近づいている集落のことである。五五歳以上が過半数の「準限界集落」と併せて年々増加している。

全国各地の運動リーダーは、組織内の著しい若年減少と高齢化傾向を含めた以上のことを実感として理解している。しかし「限界支部」や「消滅支部」を防ぐ十分な手は打たれておらず、後継者育成も進んでいない。より正確にいえば地方において育成すべき若年層が被差別部落にも少ない。

国土交通省による二〇〇六年調査では、全国に七八七八の限界集落があり、うち四二三集落が一〇年以内に消滅するおそれがあると報告されていた。すでにその一〇年も過ぎた。また二二二〇の集落がいずれ消滅する可能性があると述べられていた。これらの調査結果はさらに悪化している。

こうした状況は地方経済や地方公共団体の活力を失わせるとともに部落解放運動のパワーを限りなく減退させている。都市部においても同様の傾向は進行している。高度経済成長にともなって、都市部に形成されたニュータウンは、「高齢者集住タウン」になり、都市部の限界集落のようになってきている。同様に都市部における被差別部落の少子高齢化も確実に進んでいる。

部落解放運動に結集している人々の高齢化は、都市部・地方部を問わず一般社会の高齢化により速いスピードで進み、地域におけるリーダー層の高齢化も顕著である。

本来、長生きすることは素晴らしいことであり、高齢者が地域のリーダーを担うことも評価されるべきことである。問題は次の時代を担う後継者が十分に育っていないことである。後継者がいなくなればその組織は確実に消滅する。

中小零細企業の後継者不足も深刻である。後継者のいない中小零細企業は合併や買収をされない限り市場から消えていく。日本の中小零細企業や自営業者は猛烈なスピードで減少し、それらがシャッター通り商店街やゴースト商店街を加速させている。同様のことが部落解放運動をはじめ各分野で起こっているのである。

▼部落解放運動にとっては死活的な問題

こうした状況は日本社会全体の問題でもあるが、部落解放運動にとっては死活的な問題である。また若年層の被差別部落出身者の意識は大きく変化している。より正確にいえば出身者としての意識格差が多様になり、出身者としての意識が希薄な若年層が大きく増加している。自身の自覚と密接に結びついている「自己認定」意識を基準にすれば「被差別部落出身」の若年層はさらに減少している。つまり後継者育成が極めて困難な状態になっているのである。

また全国各地の地方に存在する支部は、その地域そのものの人口減少と高齢化をともないながら構成員の激減と高齢化が一層進んでいる。

全国各地では限界集落を超えている被差別部落も増加し深刻な状況は日々進んでいる。

生産年齢人口のピークは、一九九五年で八七一七万人であった。以後、減少が続いている。日本経済は一九九六年が小売販売高のピークで、以後下がり続けている。全体として生産年齢人口の減少とともに内需が縮小し小売が落ちデフレが進行してきた。総収入が減少し総支出も下がり、一九九八年からは自殺者が年間三万人を超え、二〇一一年まで一四年間続いた。これも経済と密接に関わっている。そして二〇一五年以降は生産年齢人口だけではなく、人口全体の減少もより一層明確になった。二〇二〇年代初頭には世帯数も減りはじめるといわれている。

これらの基盤的な原因が、先に述べた少子高齢化をともなった人口減少問題なのである。人口が減少して栄えた国はないように、人口が減少して栄えた地方も、組織人員が減少して活性化した組織もない。過去にそうしたモデルがなければ容易なことではないが、新しいモデルを創造するしかないのである。まもなく世帯減少も始まりつつあることを考えるならなおさらである。

また人口減少はあらゆる面にマイナス効果をもたらす。それらのマイナスをチャンスにするような発想がなければ企業も行政機関も組織も活性化しない。日本は明治維新から二〇〇五年頃まで、一時を除いて一貫して人口増加に対応した政策を採用してきた。それは民間企業においても同様だ。その発想を変え人口減少に対応した種々の政策と評価システムがなければ次の成功につながらない。

人口減少時代に明治以降一四〇年以上続いた人口増加の発想で政策立案すれば必ず誤った方針になる。人口増加時代の発想で少子化対策を行っても成功しないように、同様の発想で経済政策や経営方針、組織方針を立案し実践しても成功しない。

以上のような人口減少にともなう危機を好機にするための出発点は、現実の直視である。それが厳しい現実を味方にする最短の道である。

部落解放運動も同様である。今一度、組織形態のあり方を根本的に見直す時期にきているといえる。すでに上記に指摘したことが末端から静かに進行している。それらの状況を根本的に改革せず、場当たり的な方針では組織は確実に衰退していく。

さらに時代の変化は人口減少だけではない。人口減少にともなうその他の多面的な変化も組織に大きな変革を迫っている。人口減少以外の変化も組織の変革を強く求めている。

2 加速する少子高齢化とIT革命

▼七〇歳以上の高齢者が全人口の二割に

人口変動にともなって高齢化は未曾有の規模とスピードで進み、二〇一八年には七〇歳以上の高齢者が全人口の二割を超えた。一方で新たに生まれる子ども数は最低数を更新し、二〇一六年には一〇〇万人以下になった。出生数のピークだった頃に比較して半分以下である。これは個々人の問題ではなく、子どもを産みたい育てたいと思えるような社会になっていないことが大きな要因である。

例えば、大阪府では一九八〇年から二〇一五年までの三五年間で人口構成は大きく変化した。三五年間は現代の一世代が代わる年数である。一九八〇年に一五歳未満の子どもは二〇七万人いた。そして六五歳以上の高齢者は六一万人であった。それが二〇一五年には子ども数が半減し、高齢者は四倍弱になった。大阪府の総人口は、一九八〇年（八四七万人）から二〇一五年（八七一万人）で少しの増加だけである。しかしその年齢構成は劇的に変化した。

こうした変化は認知症高齢者の数に顕著に表れている。二〇一五年は全国で約五〇〇万人が認知症になり、二〇二五年には約七〇〇万人になる。これら認知症高齢者の増加は、認知症高齢者が人権・環境・安全が守られた状態で生活できるようにするという社会的課題をより一層鮮明にした。

一九八〇年代には認知症高齢者の問題は社会的課題ではなく家族課題であった。現在では家族だけでは対応できないという状況になっている。二〇一五年から二〇二五年までの間に高齢者の絶対数は約三〇〇万人の増加であるにもかかわらず、認知症高齢者が二〇〇万人も増加する。この増加の主たる原因は明確である。高齢者の中でも認知症になる率が著しく高くなる後期高齢者といわれる七五歳以上が急激に増加するからである。二〇二五年には高齢化率は三〇%を超え、高齢者の中の後期高齢者率も六〇%に達する。総人口の一八%が後期高齢者になる。総人口のほぼ五人に一人が後期高齢者になるということである。

▼後期高齢者は二〇五四年まで増加する

日本の人口がすでに減少していることはほとんどの人々が認識している。しかし高齢者はこれからも増加し続け、六五歳以上の人々は二〇四二年頃まで増加し続ける。さらに七五歳以上の人々は、三五年後の二〇五四年頃まで増加し続ける。これは国立社会保障人口問題研究所の推定値が明確に示している。そして前期・後期高齢者の絶対数がピークを迎えた後も高齢化率はしばらく増加する。また後期高齢者が絶対数を迎える二〇五四年以降も全人口に占める後期高齢者率は同様に増加する。

ちなみに女性の六五歳以上高齢者は二〇一八年時点ですでに三〇％を超えている。四九歳以下の女性と五〇歳以上の女性人口は、二〇一九年時点では四九歳以下の女性の方が多数派であるが、二〇二〇年には五〇歳以上が過半数になり逆転する。

また世帯状況の変化も大きい。六五歳以上で一人暮らしの人は、男女合わせて二〇一五年時点で五九二万八〇〇〇人いた。そのうち女性の一人暮らしは四〇〇万人で、男性は一九二万人であった。国民生活基礎調査では、男性六五歳以上の一人暮らしで一六・七％が二週間に一回以下しか会話をしていないことも明らかになっている。これは男性高齢者の健康寿命にも大きな影響を与えている。一方、四〇〇万人の六五歳以上の女性の一人暮らしでは毎日会話をしている人は八七％もいた。男性は約五〇％に止まっている。

今後一人暮らしはますます増加していく。上記の数字は六五歳以上の一人暮らしである。六四歳以下の一人暮らしも少なくない。二〇四〇年代になると、全世帯の一人世帯率は四〇％になる。そのとき最も重要で深刻な社会的問題の一つは孤独死だ。今も増え続けている。孤独死は高齢者だけの問題ではない。孤独死の約四割は現役世代である。孤独死の増加はどのような社会的問題を惹起《じゃっき》するのか。

例えば読者の中にアパートを所有する大家さんがいたとする。大家さんは自身が所有するアパートやマンションを人に貸すことによって家賃収入を得る。もし自身の所有するアパートの一室で孤独死が発生すれば、その部屋を次の人に貸すのに相当苦労する。その他の部屋も同様である。こうした事態になれば多くの場合、親族がおらず孤独死された人に代わって異臭がする部屋を清掃し、資産価値のあるものを保管する特殊清掃人に依頼することになる。その部屋をすべて清掃しにおいを消しても、次の人に貸すときに「この部屋は孤独死をした部屋」ということを告知しなければならない。それが近年の判例で明確になっている。この部屋をそれまでと同じ家賃で借りてくれる人は、そう簡単には見つからない。それが高齢者一人世帯へ部屋を貸さないという所有者の行動になり、新たな社会問題にもなっている。

▼七〇〇万人と試算されている買い物弱者

このように人口変動にともなう課題は、単に人口に関わる直接的な課題だけでなく、多くの分野の課題と密接に関わっている。

一方、一人世帯の人がくも膜下出血で倒れた場合、緊急通報をしてくれる人が周りにいるだけで事態は大きく変わる。それを周りに人がいなくても可能にするリストバンド（腕に巻くバンド）のようなものを開発している家電メーカーも存在している。このようにＩＴ革命の進化は、人口変動にともなう多くの課題を解決するために大きく貢献することにつながる。それだけではない。一人世帯高齢者の増加は、六〇歳以上の「買い物難民」や「買い物弱者」といわれる人々の増加に直結している。二〇一五年時点の経済産業省の調査で約七〇〇万人と試算されている。例えばある地方に八三歳の女性が住んでいると仮定する。この女性の息子は、ある企業の重要なポストに就いている。母親が軽い認知症だと診断されてから母親に自身が暮らしている大都市への転居を勧めても、今のままの生活を続けたいと地方の自宅を離れない。仕方なく母の希望を受け入れるが、心配になり母親の自宅に本人には告げず、カメラを設置して遠く離れた都市にある自身の自宅で母親の日常生活を観察するようにした。

こうしたことは容易にできる。もし母親が自宅内で倒れたりすれば、近所の人やその地域の消防署に電話を入れることにしている。そうしたことを見守りサービスビジネスとして展開している企業も登場してきている。しかし母親にはカメラ設置を内緒にしているため、母親が近所の友達と会話している内容まで聞こえてしまう。それが息子やその嫁の愚痴になることさえある。それが家族関係を悪化させることもある。このような現実的な事例を紹介したのは、人口変動とＩＴ革命の進化によって、具体的にどのようなことが起こるのかをイメージしてほしいからである。

またその母親が認知症にはなっていないが、長距離の歩行ができなくなってきた場合、最も近いスーパーまで八キロメートルの距離があり、自動車の運転ができなければ間違いなく買い物弱者になる。その地域も人口減少の中で多くのインフラさえ維持できなくなれば、買い物弱者をサポートする移動スーパーもなくなっていく。すでに多くのインフラが利用者減少の中で高コスト化し、維持できなくなりつつある。

▼政治・経済・社会に劇的な影響を与える

そうしたなかでＩＴ革命の進化にともなって、道路交通法も改正され完全自動運転車が市販される時代になれば、買い物弱者は大きく救われる。もし都会に住む息子が自動運転車を購入し、地方に住む母親に提供すれば買い物弱者を克服することができる。母親は買い物をしたいときに自動運転車に命じて八キロメートル離れたスーパーに買い物に行くことも可能になる。息子が自動運転車を購入しなくても、それを地方公共団体が購入し、ウーバー・テクノロジーズ等と提携すれば、安価な公共タクシーとして買い物弱者の人々の移動手段になる。もちろんいくつかの法改正が必要であることはいうまでもない。

もし私が自動運転車を購入し、乗車しないときにウーバー・テクノロジーズのような企業にタクシーとして提供することができるようになれば、私がローンを組んで購入した自動運転車の購入代金は自動運転車自身がタクシー業務で稼いでくれることになる。

これらも多くの法改正が必要になり、そう簡単には進まないが、いずれ形態が異なっても現実化する可能性は高い。こうした変化は、私たちの労働のあり方を変えるだけでなく、政治や経済、ビジネス、産業、日常生活等のあらゆる面に劇的な影響を与える。おそらく上記の自動運転車は私たちの自然言語の指令によって動くようになるだろう。またIT革命の進化は、コンピュータと人間との接点のあり方を大きく変えようとしている。キーボードや画面に触れることによって操作してきたコンピュータも、今や自然言語にコンピュータが反応して作動する時代に入っている。すでに顔認証や指紋認証などが日常のものとなっている。自動運転車の頭脳を担うAIも誰の指令によって動くのかを理解し、先述したように母親の自然言語に基づいて秘書や運転手のような役割を担ってくれることになる。極めて便利な社会であることはいうまでもないが、多くの危険性も持つ。その一つが個人データも含めて、すべての生活を把握されてしまうことである。ソーシャルメディアから流出する膨大な個人情報が人権問題にも多大な影響を与える。

3 クライシスをチャンスにするために

▼人口が少ない国で栄えている国

以上のように人口変動とIT革命は、日本経済に多大な影響を与えるだけではなく部落解放運動にも重大な影響を与える。

これまで人口が減少して栄えた国はない。しかし人口の少ない国で栄えている国は存在する。その一つがフィンランドである。人口約五二〇万人で、一人当たりのGDP（国内総生産）は世界の七位前後をキープしている。日本より上位である。

OECD（経済協力開発機構）の学力調査でも、フィンランドは日本より高い。日本で批判された「ゆとり教育」よりも「ゆとり教育」のフィンランドで、なぜ日本よりも学力が高いのか。この事実は経済と密接に結びついている。日本もこうした国の政策に学ぶ必要がある。こうした国はフィンランドだけではない。スウェーデンも同じだ。

かつて大阪市長であった橋下徹氏が大阪府の学力が低いと指摘し、そのためにすでにイギリスやアメリカ合衆国で失敗した教育制度を取り入れようとして大きな批判を浴びたことがあった。

日本国内の調査では当時大阪府は四五位であったが、大学入試のセンター試験では大阪府の成績は高い。なぜか。センター試験を受ける人は大学に進学しようとしている層であり、そういう層の人だけで比べると、大阪府の成績は高い。全体平均が低くなるのは、成績の下位層が厳しい経済状況に置かれているからである。

学力と家庭の経済状況の相関関係はすでに指摘されているところである。格差拡大社会も大きく影響している。大阪の経済的地盤沈下と密接に関わっているのである。フィンランドは格差社会ではない。全体として学力が高いのは下の層が少なく、経済的に安定しているからである。

つまり学力問題を解決するためには、格差拡大社会や経済問題を重視しなければならないのである。しかし橋下氏の取ろうとした政策は新自由主義的なものであり、これでは格差拡大は一層進んでしまい、大阪の経済的困難層の学力は伸びない。それらの政策は部落差別撤廃とも逆行する。

▼同じ思考、枠組みで考えるだけでは

ところで日本の人口減少は歴史的に見て四度目である。縄文時代後半、鎌倉時代、江戸時代中後期、そして現代である。これまで人口が減少しても再興できたのは、異文化を取り入れて社会を発展させてきたからである。つまり人口が減少するとき、どのような政策をとるかが社会全体にとっても部落解放運動にとっても重要なのである。どのように異なった文化や考えを取り入れていくのかということが重要なのである。

クライシスをチャンスにするために世界の四大文明を事例に考えてみると、エジプト文明はナイル川のほとりで栄え、メソポタミア文明はチグリス・ユーフラテス川、黄河文明も川のほとりで栄えている。それは大河が大きな恵みをもたらしたからである。

しかし大河は洪水等の氾濫を繰り返し、文明を大きく破壊する元凶でもあった。そうした壊滅状態から文明を再興するために土木工学、天文学、農学などが大きく発展したのは、文明の危機を科学技術等を発展させてチャンスにしてきたからである。苦難があったからこそ科学技術が発展したのである。社会や部落解放運動がこれから下降し続けていくのか、大きく変貌し再興していくのかは、私たちの考え方や政策に深く関わっている。

部落解放運動もこれまでと同じ思考、枠組みで考えるだけでは組織の再生はできない。

▼厳しい現実を味方にする最短の道は？

二〇一一年夏、ある市に講演に行ったとき、講演が始まるまえにその市に小学校がいくつあるのかと訊《たず》ねると、二二校あるという回答が返ってきた。ただその市では半分の小学生がそのうちの二校に集中していて、あとの二〇校に残り半分の小学生が通学しているとのことであった。一番少ない小学校は全校で一八人。その校区の地域も高齢化が進んでいた。私は今後この市の小学校がどのように統廃合されたか今も気になっている。なぜなら二〇〇六年から二〇一〇年で、全国で約一〇〇〇校の小学校がなくなり、二〇一一年からの五年間でこれ以上の小学校がなくなった。現在においても小中高校の一層の廃校が進んでいる。学校がなくなるような地域では、すでに高齢化が進んでいて、地域の自治会も成立していないところが多い。学校のPTAがその代わりを担っているが、学校がなくなるとPTAもなくなり自治機能もほぼ消滅する。そして限界集落を超えて「崩壊集落」になっていく。小学校がなくなっていくなかで、全国の部落解放運動を担っている地域はどうなるのか。地域支部を維持するのが極めて厳しくなる。

以上のような人口減少にともなうクライシスをチャンスにするための出発点は、現実の直視である。それが厳しい現実を味方にする最短の道である。

第二次世界大戦中のイギリス首相ウィンストン・チャーチルは「悲観主義者はすべての好機の中に困難を見つけるが、楽観主義者はすべての困難の中に好機を見出す」と述べたことがあった。今、私たちにもそうした視点が求められている。

4 時代の急速な変化に対応できているか

▼内外情勢の大きな変化

部落解放運動をとりまく時代の急激な変化と、そうした変化を十分に受け止めた運動になっていないということを述べてきた。めまぐるしく変わる時代の変化に部落解放運動は十分に対応できていないのである。もちろんリーダーの責任は大きい。

一方、全国各地で時代の変化に的確に対応し、原則性と柔軟性を堅持しながら部落解放運動を果敢に進めている地域があることも事実である。

運動組織で改革提案をするとき、いつも思い出すニュースがある。それはある川の中州でキャンプをしていたグループが、急速に増水した川の流れによって犠牲になった報道である。その川の上流で急速に雨足が強まったことによって、下流で急激な増水が予想された。川の管理者はキャンプリーダーに「今はせせらぎのような流れだが、いずれ中州は水没する。だから水没しないところに移動するように」といった趣旨の要請をしたのである。リーダーも川の管理者の警告は十分に理解していた。

その後の報道では通常なら膝より下の水かさの川が増水し、メンバーの数人が首までつかって移動できない状態が映し出されていた。地元消防団をはじめ救助の人たちも来ていたが、結局何人かの人がかたまって、そのまま流され犠牲になった。川の状態から見る限り救助に行けるような状況ではないことがテレビ映像からも十分に理解できた。

▼スピード感の違いが命取りに

私はテレビ映像を見ながら、テレビの中に飛び込んで、中州で流されかかっている子どもたちの救助に向かいたい衝動に駆られたことを今も鮮明に記憶している。中学・高校時代に水泳部に所属し、夏休みには毎日五〇〇〇メートルを泳いでいた私でも救助に向かえば間違いなく犠牲になったと思われる濁流であった。

川の水が増えてくることは、キャンプリーダーも管理者も共通の認識を持っていた。しかしそのスピード感には大きなギャップがあった。管理者は「増水してからでは遅い」という理由でいち早く移動してほしいと呼びかけたが、キャンプのメンバーは夜間でもあったため、すぐには移動しなかった。キャンプリーダーは増水してくることは理解していても、そのスピードと量を十分に理解していなかった。その結果、多くの方々が亡くなるという不幸な事故になった。

この事故が発生した川の流れのように、現在の日本社会や部落解放運動をとりまく情勢は大きく変化している。その変化にスピード感をもって的確な対応をしないと大きな代償を払うことになってしまう。重要な点はその変化のペース（速さと規模）を認識できているのかという点である。

めまぐるしい変化に飲み込まれてしまおうとしている部落解放運動を再生させるためには、上記のキャンプリーダーのような判断と集団の認識ではダメなのである。

差別撤廃・人権確立や平和、福祉を前面に押し立てて、時代を民主主義と人権尊重の方向に前進させてきた部落解放運動が時代に埋没してしまうことは、単に運動の衰退という問題だけではない。それは日本の危機にも結びついていることを見落としてはならない。これは大げさな表現ではない。歴史が顕著に示していることである。

▼問題は外部だけではなく内部にも

こうした問題が現出する原因は、部落解放運動や人権確立運動の外部だけではなく内部にもある。先のキャンプ事故のことを考えてみれば明らかである。川の上流での激しい雨はキャンプリーダーの責任でもなければ、管理者の責任でもない。自然現象であり、リーダーにも管理者にも変えられない。しかし、それらの情報に的確に対応し安全な場所に移動することはキャンプリーダーには可能であった。

私たちの置かれている時代状況の厳しさの主要な要因は、自然現象ではなく社会現象である。社会現象は私たちのパワーで変えることも可能である。そのためにも外部環境の変化に対する内部の柔軟な対応力が求められる。そして原則性をふまえた適応力を高めるために厳正な情勢認識が必要なのであり、そうした情勢認識のもと、的確な方針を打ち出し、それを情熱をもって実行できる人材が不可欠なのである。

かつて全国の多くの仲間との会話を人権情報誌で紹介したことがあった。その中でできない言い訳を並べれば多くの人々は非常に雄弁に語るが、「なぜできないのか」「どうしたらできるようになるのか」と質問するとピタッと止まってしまうことを紹介した。つまり創造的な思考になっていないと述べたのである。

また別の人々は、一つの思想や理論が金科玉条になり、すべてをその理論にあてはめようとする傾向にあった。そして教条的になった思想や理論によって現実を捉えようとした。さらに現実を無理やりその思想や理論に当てはめて捉えようとするため、結果として現実の一面的な捉え方になってしまっていた。

繰り返しになるが、一定の思想や理論が教条的になってしまうと自分の理論や思想にだけ合う現実を捉えようとしてしまう。その一面的な捉え方からは一面的な方針しか出てこない。それでは現実をよりよい方向に導くことはできない。

▼思考の壁が生まれる原因は

誤った現実の捉え方は誤った方針に結びつき、現実から遊離した実践へとつながる。ただその方針を担っている人々は「正しい」と認識し、自身が組織や理論の絶対的な正義の守護者であると考えてしまう。

さらに悪化すると方針が成功しないのは、方針や自身の理論に問題があるのでなく、それに合わない世の中や他の組織に問題があると考えるようになる。そう考えていくとますます思想や理論が過剰になっていく。こうした思考のサイクルが思考の壁を生み出すことになる。

思考の壁が生まれる原因は、①「思い込みによって生まれる思考の壁」、②「失敗や成功によって生まれる思考の壁」、③「慣例主義によって生まれる思考の壁」、④「立場によって生まれる思考の壁」、⑤「限られた視点で長年考えてきたことによって生まれる思考の壁」、⑥「評価基準によって生まれる思考の壁」などが存在する。

例えば、同和行政とは何かと聞けば、多くの人々は、被差別部落の人に特別施策を行うことだと考えている。しかしそれは違う。同和行政とは部落差別を撤廃するための行政施策全般のことである。しかし私たち部落解放運動を推進している内部にも、部落差別撤廃行政いわゆる同和行政といえば「特別措置」という思考の壁が多くの人々に存在してきた。こうした思考は特別措置を展開しないと同和行政は推進できないという発想につながる。それは根本的に間違っている。

かつて部落解放運動に関わる全国的な大会で、被差別部落出身者に対する特別対策なくして部落差別撤廃はできないと主張する人から質問を受けたことがあった。そのとき奨学金を事例に、被差別部落出身者で貧困に苦しんでいる人々が、十分な教育を受けられるようにすることも重要だが、被差別部落出身者ではない貧困に苦しんでいる人々も十分な教育を受けられるようにすることも部落解放運動の重要な課題だと応えたことがあった。

また、被差別部落出身者の貧困でない人々に給付型の奨学金が支給されて、被差別部落出身者以外の貧しい人々に同様の奨学金が支給されなければ社会性を持たないと応じたことがあった。そしてすべての貧困家庭の子どもたちが十分な教育を受けられるようにすることが部落解放運動の使命だと応えた。特別措置を中心に同和行政が展開されていた時代においても部落解放運動はそうした方向を大切にしてきた。

今一度、時代の変化に耳を傾け「これでいいのか部落解放運動」と考えるときである。それが運動再生の近道である。

5 ISO26000と部落差別の撤廃

▼社会的課題を解決する指針に

以上の認識と社会的特徴をふまえ、部落差別撤廃や人権確立のために大きな礎になる国際的文書、ガイダンス（手引き書）になるのが、二〇一〇年一一月に発効した「ISO（国際標準化機構）26000」である。持続可能な発展を創造するために、企業以外も対象にあらゆる組織に社会的責任を果たすことを求めて世界各国からの九三％という高い賛成投票率で採択された。この「国際的ガイダンス」を企業だけではなく、真にあらゆる組織の手引き書にする必要がある。

部落差別撤廃・人権確立運動にとっても、極めて重要な国際的ガイダンスであり、積極的に活用すべきである。また後に紹介するように七つの中核主題の一つが人権であり、部落解放運動に大きな力を与えるものでもある。

戦前の部落解放運動、水平社運動の根拠は、いわゆる「解放令」であり、戦後の部落解放運動の拠り所は、日本国憲法や同和対策審議会答申、同和対策事業特別措置法であった。

今日においては、国際人権規約や人種差別撤廃条約をはじめとする国際人権諸条約も部落解放運動の大きな基盤になっている。しかしこれらの条約への関心は、世界や日本の社会で大きな影響力を持つ企業では、ＩＳＯ２６０００と比較して圧倒的に低い。ＩＳＯ２６０００は条約のように法的拘束力を持つものではないが、事実上それら以上に大きな影響力を持っている。

ＩＳＯ２６０００は、これまでの「ＩＳＯ９０００シリーズ（品質管理）」や「ＩＳＯ１４０００シリーズ（環境管理）」のような認証規格ではない。ＩＳＯ規格の第三世代として企業経営そのものを包括的に対象にし、企業以外もその対象にしているという特徴を持っている。

今日の日本社会の課題を克服するために大きな役割を果たすセクター（部門）は、まず第一に行政・公的セクターであり、第二は民間・企業セクターである。そして第三が非営利セクターである。これら三つのセクターの中でも民間・企業セクターの果たす役割は大きく、他の二つのセクターにも大きな影響を与えている。行政セクターは税を投入することによって社会的課題を克服していくが、その税のかなりの部分を負担しているのは、民間・企業セクターである。

民間・企業セクターは、利益を上げつつ社会的課題を解決し、その利益の一部を行政セクターに税として納めている。また税を納める多くの労働者を雇用しているのも企業である。また企業は行政や非営利セクターである多くのNPOや各種法人と一体としてビジネスを展開する時代に入っている。

こうした企業セクターをはじめとする三つのセクターに、以下に掲げる「中核主題」を明示して積極的な取り組みを求めているのがISO26000なのである。

▼中核主題に人権、環境、労働

ISO26000は、社会的責任の「七つの中核主題」として、①組織管理・統治、②環境、③人権、④労働、⑤公正な事業活動、⑥消費者、⑦コミュニティーを挙げ、社会的責任の「七つの原則」として、①説明責任、②透明性、③倫理的な行動、④ステークホルダーの利害の尊重、⑤法の支配、⑥国際行動規範の尊重、⑦人権の尊重を明確にしている。

一方ＩＳＯ２６０００が採択される以前の一九九九年、当時のアナン国連事務総長が打ち出した「国連グローバルコンパクト（一〇項目）」も同様の内容を参加企業に求めている。「国連グローバルコンパクト」は、各企業が責任ある創造的なリーダーシップを発揮することによって、社会のよき一員として行動し、持続可能な成長を実現するための世界的な枠組み作りに参加する自発的な取り組みである。

「一〇項目」では、四つのテーマの下、①「人権」では、「人権擁護の支持と尊重」「人権侵害への非加担」、②「労働」では、「結社の自由と団体交渉」「強制労働の排除」「児童労働の実効的な廃止」「雇用と職業の差別撤廃」、③「環境」では、「環境問題の予防的アプローチ」「環境に対する責任のイニシアティブ」「環境にやさしい技術の開発と普及」、④「腐敗防止」では、「あらゆる形態の腐敗防止」を挙げている。

これらは差別撤廃・人権確立の方向性と明確に一致する。この「国連グローバルコンパクト」もＩＳＯ２６０００も人権を最重要テーマに挙げている。

これらの一環として日本企業でも取り組まれるようになってきたダイバーシティ・マネジメントも多くの企業の関心を集めている。ダイバーシティ・マネジメントとは、ダイバーシティ&インクルージョンのことで、違いを認めつつ、違いの強みを活かすことである。異質な人の集団でイノベーション（革新）を起こせるかどうかが重要なのである。

違いは属性や働く条件だけではない。ジェンダー、身体状況の違い、人種、国籍、民族、宗教、門地、世代などや働き方、雇用形態、考え方なども含まれる。

上記のような社会的特徴と企業の変化をふまえつつＩＳＯ２６０００を活用した取り組みや経済団体連合会の「企業行動憲章」が、部落差別撤廃・人権確立に積極的影響を与える。

第二章　部落解放運動を変革するために

1　時代の特徴をふまえた運動の課題

▼社会的変化とともに運動内外の状況も大きく変化

今日の時代の特徴を明らかにすれば、時代の変化は部落解放運動に何を求めているのかということが明確になってくる。時代の特徴は、①少子高齢化・人口減少化、②日進月歩で進むIT革命にともなう社会の変化、③経済のグローバリゼーションにともなうグローバル化、④行財政の悪化にともなう同和行政、人権行政の後退、⑤格差拡大社会にともなう貧困層の固定化、⑥企業の社会的責任の明確化、⑦ゲノム革命にともなう遺伝子差別の顕在化などをはじめとする新たな差別問題等々である。

これらの社会的変化とともに運動内外の状況も大きく変化している。①組織の高齢化、②被差別部落出身者の出身者意識の希薄化、③組織人員及びリーダー層の減少化、④特別法失効にともなう同和行政の一般施策化、⑤部落差別実態の変化、⑥実態変化にともなう部落解放運動の当面の目標変化、⑦部落差別解消推進法の施行などである。

以上の状況を的確に受け止めた上で、組織の現状と目指すべき当面の目標を明確にし、差別撤廃・人権確立を効果的に進める組織形態とはどのようなものかということを明らかにできれば、組織の変革・再生は確実に進めることができる。そのときに重要なことは、これまでの既成概念にとらわれないことである。既成概念からは時代や組織を変革するようなアイデアは出てこない。

以上のような状況をふまえ、先述したようにまず第一に高齢化・人口減少化という傾向をどのように活かすのかという問題である。社会の高齢化は評価すべきことであり、私たちの社会は健康で長生きができるように医療も福祉も進化させてきた。問題は少子化と人口減少、とりわけ地方の著しい人口減少であり、高齢者に続く壮年層、青年層のリーダーが減少しているという問題である。

高齢化が進んでいるのは健康な高齢者が増加しているということであり、健康年齢・能力年齢・労働年齢などの概念で年齢を換算すれば三〇年前とは大きく異なる高齢者像が見えてくる。

六〇歳代後半や七〇、八〇歳代で現役で仕事を精力的にこなしている人々がたくさんいる。すべての人がそうだとは言わないが、私たちや高齢者自身の高齢者観を変える必要がある。そうでなければ高齢者の持つ積極面を活かし高齢化を強みにすることはできない。

例えば高齢者人口をどのように捉えるのかによって生産年齢人口と高齢者人口の比率は大きく変わる。今日の定義で生産年齢人口と高齢者人口の推移を見れば、二〇〇九年時点で六三・九%と二二・七%であり、二〇三〇年時点では五八・五%と三一・八%になると予測されている。二〇〇九年と二〇三〇年で生産年齢人口は高齢者人口の約二・八倍から約一・八倍に縮小する。

しかし、生産年齢人口を事実上五年遅らせて二〇歳〜六九歳、高齢者人口を七〇歳以上とすれば、この比率は大きく変わる。高齢者人口を七五歳以上にすればさらに変わる。多様な高齢者を同じように見るのは間違いである。高齢者それぞれの体力や健康状態、価値観などに合わせた役割を考えることが運動の活性化にもつながる。高齢者には息子や孫世代に一定の影響力があり、社会的影響力を持つ人も多い。また智恵や知識、技術、経験も豊富であり、時間的余裕を持つ高齢者も多い。これらのことが世代間軋轢《あつれき》のようにマイナスに作用するのではなく、積極的に活かされるような運動政策を考える必要がある。

すでに壮年層・青年層とタッグを組んで部落解放運動の重要な役割を担っている人々もたくさんいる。そのような発想で高齢者のパワーを活かすことができれば、労働組合のように定年のない居住者組織・地域組織である部落解放運動の強みとなり大きな力を得ることができる。そのときに私たちが考えなければならないことは、組織に寄与するための各自の負担を柔軟な発想で求めることである。高齢者の場合、年金以外の収入がないという人も多い。

各自の経済的状況によって貢献のあり方を変え、経済的余裕の少ない人は他の方法で貢献するということがあってもよい。そのためにも誰がどのような形で負担するのかといった詳細な検討を行う必要がある。それは多くの人の得意分野や持っている条件を知ることにもなり運動パワーの新たな発見にもつながる。

現在、部落解放運動に参加している人々の中には多様な能力やネットワークを持っている人々がたくさんいる。それらの能力や条件を十分に活かした運動にする必要がある。

さらにいえば人口減少をも活かすような方針を掲げることができるか否かが、これからの日本社会や部落解放運動の活性化に欠かせないことである。

以上のような発想で状況を捉え、視点を変えれば少子高齢化という分野だけでなく他の分野でも時代の変化を活用した新たな展望を切り開くことができる。

時代の変化をふまえた第二の視点は、日進月歩で進むIT革命にともなう情報化を部落解放運動の中で最大限活用することである。その際、情報化を活用している企業にもっと学び、多様なサイバースペース（電子空間）運動を展開する必要がある。企業分野ではネット通販、ネット証券、ネット旅行社などネット○○があらゆる分野に浸透し、サイバー時代といえるような状況になっている。運動はこれらの変化を十分に活かしきれていない。

逆に差別する側が電子空間を悪用している状況にあることは指摘する必要もないほど知られている。それらは別の拙著を参考にしてほしい。

早急に最先端の技術とノウハウを取り入れ、ネット上の情報発進力を強化し、IT革命の果実を取り入れた部落解放運動が求められている。この分野では反人権・差別扇動グループに大きく遅れをとっている。

▼部落解放運動の改革・創造が求められている

第三に経済状況の変化にともなう社会変化を十分にふまえた部落解放運動を展開する必要性

である。時代の特徴としての低成長化、行財政の悪化、格差拡大社会にともなう貧困層の固定化などに対応した取り組みが求められている。このような社会的状況が厳しい時代は、部落解放運動にとってその使命・役割が増大する時代である。

つまり低成長時代に求められる人権課題を敏感に見つけ出し、新たな課題とそれらへの解決方策を示すことが求められているのである。それも行財政が悪化している状況の中で解決方策を進めなければならない時代である。

部落解放運動はこれまで地域主権の取り組みの先駆者として、部落差別を撤廃するために行政の一端を担い、行政機関と協働してまちづくりを展開してきた。その取り組みを積極的に捉え直す必要がある。その豊富な経験と実績は、縮小する行政に替わる新たな「公」を担う社会的起業の推進者になりうる。多様なＮＰＯや社会福祉法人を設立して行政が担っていた役割を補完し、社会的課題を自ら解決するために活動することは行政の下請けではない。これまで部落解放運動は生活保護者の自立・就労支援をはじめとする種々の取り組みを展開し大きな実績を残してきた。

例えば貧困層の固定化を防止する政策を提案し行財政を活用して起業することや、高齢化社会の課題に対応した福祉事業を展開することは運動の重要な課題でもある。すでに述べた六五歳以上の高齢者は二〇四二年頃まで増加し、七五歳以上の後期高齢者は二〇五四年頃まで増加するといわれている社会状況をふまえればなおさらである。

これらの社会的起業は地域の雇用や生活課題の解決につながり、運動の活性化にも結びつく。そのためにも地域のリーダー層に後に述べるような社会的起業を担いうる能力が求められる。またこうした社会的起業を展開し社会へ貢献することは被差別部落への貢献にもつながり、分野によってはこれまで部落解放運動で培ってきた小零細企業ネットワークを活用することもできる。

第四に以上の取り組みを推進するためにも、同和行政の一般施策化を積極的に捉え、新たな同和行政・人権行政を構築する視点が必要である。特別法の時代が終了し一七年以上が過ぎた。部落差別解消推進法施行をふまえ、一般施策を活用、創造して同和行政いわゆる部落差別撤廃行政を進めなければならない時代である。政策研究を強化し、一般施策を活用する発想を持たなければこれからの同和行政・人権行政は創造できない。あらゆる政策・施策に人権や差別撤廃の視点を組み込めるチャンスとして捉えなければ時代の特徴を活用できない。部落問題を解決するためには被差別部落の問題を解決するという発想から行政システムも含めた社会全体を変える発想が求められている。それが被差別部落の問題を解決することにつながっているのである。行政の一般施策によって部落の困難な生活・教育などの課題が円滑に解決できるような行政システムにしなければならないのである。

そのためにも運動リーダーの政策能力を向上させ、行財政悪化に対応した新たな人権・福祉・教育政策や行政システムの提案が求められているのである。

また都市部の部落にあっては、不良住宅を除去して建設された集合住宅（市営住宅）の建て替え時期を迎えている。これらの建て替え事業も当然のことながら一般施策である。そのときに単なる建て替えではなく、住宅建て替えにともなう新たなまちづくり、魅力あるまちづくりを地域の側が提案できるかどうかが問われている。二一世紀型の理念を明確にした特色ある「人権推進モデル地域」にするような発想が必要である。

以上の視点とともに経済・社会のグローバル化やリーガル（法律）化などに対応した部落解放運動の再編・創造が求められている。ＩＭＡＤＲ（反差別国際運動）の強化や国際的な人権運動に学ぶ取り組みの強化も必要である。

さらにリーガル化、コンプライアンス重視の社会的状況をふまえ、企業の社会的責任（ＣＳＲ）やコンプライアンスの視点で差別撤廃・人権確立を提起し、企業との協同作業で人権推進の取り組みを強化することも重要である。すでに二〇一七年一一月八日には経団連の改定企業行動憲章が明らかにされ、一〇の目標の一つとして「人権の尊重」が明記された。

また運動もこれまで以上に訴訟戦術を重視するとともに、多くの人権団体をバックアップできるような人権リーガルセンター的な機能も必要である。そうした取り組みを通じて社会的変化にともなう新たな人権課題に対応し、時代をリードする組織の先進性を示すことが、これからの部落解放運動に求められている。

そのためにも政治力、人材力、ネットワーク力、財政力、実態把握力の向上を通して地域の力を高める必要がある。それらができなければ運動は確実に衰退する。残された時間は多くない。生活・福祉・教育などの社会的起業の推進をはじめとする以上の課題の遂行は部落解放運動を確実に活性化させる。

2 二〇二二年、部落解放運動は?

▼原則を堅持しつつ柔軟な発想で

一九二二年に全国水平社(以下「全水」という)が創立されて二〇二二年には一〇〇年目を迎える。その一年前の二〇二一年は、太政官布告いわゆる「解放令」が発布されて一五〇年目に当たる。全水創立一〇〇年のときの部落解放運動を展望することは、今日の部落解放運動の厳しい状況を克服することと密接に関連している。

また近未来の日本社会の人権状況がどのようになっているのかを考えなければ、近未来の全水一〇〇年の二〇二二年がどのような社会状況になっているのかを把握できない。その時代の差別状況と社会状況が定かでなければ、同時代の部落解放運動の姿を描くことも難しい。なぜなら「方針は現実から与えられる」からである。部落差別状況も社会情勢も日々刻々と動いている。それに合わせて部落解放運動も変化し続けている。差別撤廃・人権確立という目標の原則性は変化せずとも、その原則を実現する方法は柔軟性に富んでいる。そうでなければ部落解放運動は社会性をなくし、その影響力は大きく後退していく。戦前、戦後、同和対策審議会答申以降の部落解放運動のあり方も大きく変化している。

▼強い組織よりも柔軟に対応できる組織を

時代を越えて生き残る組織は、氷河期を生き抜いた動物のように、強い組織よりも時代に柔軟に適応した組織である。そのためには時代を的確に把握しなければならない。時代は部落解放運動に何を求めているのかを把握し、組織の目標（戦略）や力量、文化、構成員のスキル

（技術）や動かすシステムなどを考慮して、社会を差別撤廃・人権確立の方向にもっていかなければならない。

またいかなる組織も崇高な理想を一朝一夕には成し遂げられない。部落解放運動も同様である。部落解放運動が全国規模で始まった全水創立からまもなく一〇〇年を迎える。しかしいまだ部落差別の完全撤廃は実現していない。

部落差別の状況は、全水創立当時や同和対策審議会答申が出された頃と大きく変化している。また部落解放運動の役割も大きく広がった。すべての組織がそうであるように、あり余る人材と財源は存在しない。限られた人材と財源と情報を駆使して時代や社会を差別撤廃・人権確立の方向に変革しなければならないのが部落解放運動の役割である。

以上の視点をふまえた上で全水一〇〇年を展望しなければならない。

▼情報化の進展によって社会も大きく変貌

まず今日の部落解放運動の役割は部落差別の撤廃が中心であっても、それだけではない。あらゆる差別の撤廃と人権・平和の確立を推し進めることも期待されている。平和と人権が後退し、戦争と差別の足音が少しずつ大きくなっている今日、時代は部落解放運動の力強い前進を求めている。平和と人権を守り、戦争と差別をなくすための積極的な役割が期待されている。しかし部落解放運動を中心的に担う人々は、先述したようにかつてと比較して日本社会全体と同様に著しく高齢化し組織人員も減少している。

一方、同和対策審議会答申から半世紀以上を経た今日においても、差別意識の存在は多くの意識調査で明確になっており、ネット上の差別扇動をはじめとする差別事件は暴発ともいえる状況になっている。部落差別実態も生活保護率や大学進学率、就業構造の格差に明確に現れている。この現実は、部落差別撤廃行政や部落解放運動の課題が大きく残されていることを示している。

また人口変動やIT革命による情報化の進展によって日本社会も大きく変貌している。このような条件の下、今後の部落解放運動のあり方が大きく問われている。

第一章で述べたように人口変動が部落解放運動にもたらす影響も極めて大きい。

被差別部落の高齢化率は、上記の日本社会全体よりも一層深刻である。部落解放運動は労働組合のように定年制がない。この積極面と消極面が組織に大きな光と影を落としている。リーダーの多くが六〇歳を越え、構成員の過半数が六五歳を越えている。それらの人々がリーダーとして実力を発揮できることによって、若年層が少ない組織の問題点を見えにくくさせてきた。しかし年月の経過とともに高齢者は一層高齢化し、後に続く若年層の少なさが組織に大きなダメージをもたらす。

▼部落解放運動の抜本的な改革を

いつの時代にあっても成果がある局面、ある時点で欠陥に転換する面がある。環境が大きく変化する中で、これまでの組織やシステム、理論が時代遅れになり、社会発展や組織の目標達成にとって大きな障害になることを忘れてはならない。組織における人材と財政、情報、時間を無駄にしないためには、全水創立一〇〇年の二〇二二年に向けて、社会の制度資本としても重要な役割を担っている部落解放運動の抜本的な改革を推進しなければならない。

またその課題は部落解放運動を漫然と生きながらえさせることではない。厳しい内外の制約条件の中であっても、被差別部落出身者や多様な被差別者の差別撤廃の期待に応え、平和と人権の確立にさらに貢献できる運動組織にすることである。それは組織システムと発想を変えれば可能である。かつての運動組織は多くの被差別部落で多数派ではなかった。それでも悲観的にならず、同和対策審議会答申や同和対策事業特別措置法制定を実現させた。その時代から現在を照射すれば、部落解放運動を前進させる条件は大きく整備されている。しかし残された時間は極めて少ない。

▼二〇二二年に向け危機意識の共有を

そのリミットが二〇二二年と考えている。部落解放運動の「二〇二二年問題」と呼んでもいいだろう。以上の現実をふまえた上で改革が成功するか否かは全国各層のリーダーの多くが、共通の危機意識や価値観を共有できるか否かにかかっている。

これまで部落解放運動は逆風の時代であっても、その逆風を跳ね返し着実に社会的役割を果たしてきた。それを支えたのは差別をなくしたいと願う情熱と冷静な現実分析である。的確な現実分析の下、正しい方針を打ち出せば改革は可能である。

ヨットは逆風であろうが、自身の位置と目標が明確であればその逆風を活用して斜めに進みながらも目標に近づく。そうした柔軟な発想と変革意識が私たちの未来を切り開く。社会の現実は宝の山であり、部落解放のために役立つ手段やテコは山ほど存在している。岩の凹凸が単なるデコボコにしか見えないか、足がかり手がかりに見えるかの違いは、岩を登ろうとしているか否かの違いである。差別撤廃への取り組みも同様である。

▼新たな部落解放運動の再構築を

私たちが部落解放運動を推し進めている現実社会は、岩の凹凸以上に複雑で曲がりくねっている。それらを柔軟に活用すれば、新たな部落解放運動組織を構築できる。その萌芽は厳しい時代であっても、豊かなアイデアと発想で活発に活動している地域や支部が存在していることをみれば明らかである。

次項で紹介している二〇〇九年一月一六日の「ハドソン川の奇跡」で乗員乗客一五五名の命を救ったチェズレイ・サレンバーガー機長は、ジェットエンジンが二つとも停止し、地上に落下するまで三分数十秒という限られた時間しかないなかで、ハドソン川を「滑走路」として活用し不時着水に成功し、全員が死亡するかもしれない未曾有の危機を克服した。私たちが部落解放運動を推し進めるにあたって、活用できる組織やネットワーク、システム、法律、制度等の手段は数多く存在している。厳しい状況下では、「川」を「滑走路」に活用するぐらいの柔軟な発想と実践が求められていることを忘れてはならない。

3　方針は現実から与えられる

▼調査なくして要求・提案なし

「方針は現実から与えられる」という言葉は、執筆や講演で私がよく使うフレーズの一つである。つまり私が最も重視している理念でもあり、「調査なくして要求・提案なし」としばしばいってきた。

私たちがある分野・物事の方針を立案しようとするとき、その前提はその分野・物事の現実である。このフレーズは政治・経済・教育などすべての分野に共通する。

経営者が経営方針を考えるとき、経営をとりまく現実が前提になる。それらの現実を把握するときも、多角的・重層的な視点が求められる。日本国内の経済状況だけを把握していても、正しい方針を立案することはできない。国際的な経済状況や他国の経済状況を正確に把握してこそ正しい方針立案につながる。

しかし、それでも不十分である。社内の現実も経営方針を立案する前提である。国内外の経済環境をふまえれば、一定の経営方針がベストだと導き出されても、当該企業の状況がそれらの方針を実行していくパワーに欠けていることもある。それではベストな方針とはいえない。外部環境から見ればベストであっても、内部環境がそれを許さない状況にあれば、それは無謀な方針になる。また内部環境も財政的視点では十分であっても、人的視点では不十分なこともある。その逆もあり多角的な視点が求められる。

今日では、人的・財政的視点と同様に法的視点も極めて重要であることが少なくない。経営方針にリーガルチェックを行うことは、すでに常識になっている。それだけではない。企業の社会的責任（CSR）が強く求められている今日では、それらに加えて倫理的視点や社会的視点、人権視点が重視される。

▼ビジョンと背景・原因を正確にふまえ

一方、方針立案のためには現実の正確な把握とともに、ビジョンが明確でなければならない。例えば組織再生のためには、経営コンサルタントがよく使う「七つのS」が重要だと指摘してきた。ストラクチャー（組織）、ストラテジー（戦略・目標）、システム（構成員を動かす仕組み）、スタッフ（人）、スキル（技術・知識）、スタイル（企業文化）、シェヤードバリュー（共通の価値観）の七つである。とりわけ「ストラテジー」（戦略・目標）が重要なのである。現実を正確に分析・把握できても、何を目指しているのかが明確でなければ、正しい方針を打ち立てることはできない。しばしば本来の目的を忘れて、組織の維持だけが目的になってしまうことがある。組織の存続・維持は重要なことだが、何のために存続しなければならないかを忘れては存続する意味すらなくなってしまう。

もう一つ付け加えておかなければならないのは、現実は単なる事実ではないということだ。現実を把握し政策を立案していくとき、時間軸と空間軸の視点を持つことが重要である。時間軸とは過去から未来の視点で、空間軸とは地域（現場）から国際的な視点である。戦略・目標も時間軸でいえば未来の視点である。先に述べたようにどのような未来を描くのかということは、方針立案でも重要な事柄の一つである。

同様に時間軸の過去の視点も重要である。現実は単なる事実ではない。過去からの営みの結果が現実であり、同じような事実でも背景・原因が異なれば、現実を克服していく方針もまったく異なる。表面的な事実は同じでも、それら事実の意味することは背景の違いによって大きく異なる。現実は歴史の積み重ねであり、歴史的な背景をふまえて現実を正確に捉えない限り、現実を少しでもよりよい方向に導くことはできない。

例えば学校給食費を持ってこない生徒がいた場合、格差拡大社会の中で親の貧困が原因なのか、生徒が忘れっぽいだけなのかは大きな違いである。給食費を持ってこない事実は同じであっても、背景・原因はまったく違う。それらを正確に捉えなければならない。つまり現実を正しく把握するというのは、先にも述べたように単なる事実ではなく、背景・原因を正確にふまえた現状把握なのである。

以上の点は、経営方針だけではなく、部落解放運動や労働運動における運動方針、教育・研究機関における教育・研究方針、医療機関における治療方針、行政機関における施政方針などすべての分野に共通する。

私は正しい現実把握が、正しい方針立案の成否を握っていると考えている。それは危機的な状況でも同じである。

▼ハドソン川に旅客機が不時着水

読者のほとんどの方も記憶に残っていることと思うが、二〇〇九年一月一六日に起こった「ハドソン川の奇跡」といわれたジェット旅客機の着水（墜落）事故を事例に考えてみたい。この奇跡を成し遂げることができたのは、チェズレイ・サレンバーガー機長の厳正で冷静な現実把握とそれに基づく的確な判断、高度の操縦技術があったからである。

当該旅客機USエアウェイズ機一五四九便・エアバスA三二〇は、ニューヨーク・ラガーディア空港からノースカロライナ州・シャーロット・ダグラス国際空港へ向かう便であった。離陸してまもなくバードストライク（ジェットエンジンに鳥を吸い込むこと）によって、両エンジンが停止し（右側のエンジンはウィンドミル状態で操縦等を行うための機内の電力等を維持していく回転数は残っていた）失速していく。

エンジン停止からハドソン川に不時着水するまでわずか三〜四分。その間、一五四九便と管制官の間で、ティータボロ空港等に着陸するよう指示されるが、機長の判断でハドソン川への不時着を決断する。

管制塔との最後の交信の後、レーダーから一五四九便は消え、一分四六秒後ハドソン川へ着水し、一時間後川底に沈んだ。当日の気温は氷点下、水温は二度であったといわれており、乗客乗員一五五名全員を無事救出できたことは、まさに奇跡以外の何ものでもない。

こうした奇跡を成し遂げた機長は、「私たち乗員は、訓練していたことをただ実践しただけです」と事故後のインタビューで淡々と語っている。

こうした奇跡を成し遂げることができた最も重要な背景は、的確な判断の前提となった機長の冷静で緻密な現実把握であった。

第一に危機的な機体の状況を正確に把握していたことである。エンジンの再始動を試みながら、再始動しない場合であっても、最善の選択ができる状況に機体を操縦することができたのは、機体の状況を正確に把握していたからである。

第二に機体の性能をはじめとした機能を十分に認識していたことである。機体の性能を十分に把握していなければ、着水後一時間も沈まない状況を作ることはできなかった。着水時の機体の角度、抵抗を少なくするための川の流れに沿った着水のための方向転換、着水してからの後部ドアの閉鎖状態の保持等は、機体の性能を熟知していたからこそできたものである。

▼危機を克服した見事な操縦技術

第三に周辺の地理的状況と交通網等を正確に認識していたことである。川幅が一〇〇〇～一三〇〇メートルあり、ある地点からは着水時に障害物となる「橋のない川」(自動車等はハドソン川の地下トンネルを通行)であるという現実、着水地点は水上タクシーのマンハッタン側発着場に近く、観光船、ニューヨーク市消防局、アメリカ沿岸警備隊等が近くにあるという知識があればこその決断である。氷点下の気温と二度という水温の下、エンジン停止の位置と着水してからの迅速な救助を期待できる地点との距離など、これらの詳細なデータや現実把握が的確な判断を可能にしたのである。

第四に機長自身の高度な操縦技術を冷静にふまえていたことである。経験に裏打ちされた操縦技術がなければ機首を上げすぎて、着水してからの水没時間が極端に短くなった可能性もあった。それ以上に左右に少しでも傾いて着水していたら、片方の主翼だけが先に水に浸かり、機体が真っ二つに折れていた可能性もあった。失速したジェット機の操縦は極めて難しいにもかかわらず、それらの危機を克服した操縦技術は見事というほかない。

第五に乗客の心理状態等も正しく認識していたことである。乗客の心理状態に関する認識は、物理的な面ではないが極めて重要である。厳寒のハドソン川に着水するというだけでも、乗客にとっては死を覚悟する問題である。着水が無事にできても機内に冷たい水が流れ込んでくれば、パニック状態になってもおかしくない。パニック状態になれば機内が大混乱し、助かる命も助けられなくなる。それを避けることができたのは、乗客の心理状態を正確に把握し、的確なアナウンスをすることができたからといえる。そうした心理面の正確な現実把握も奇跡の大きな背景であったといえるだろう。

その他にも多岐にわたる状況を正確に把握していたと考えられる。だからこそエンジン停止後三〜四分間で見事な決断と、決断に基づく不時着水をなすことができ、その後の一時間以内での全乗客救出を可能にしたといえる。

▼「ハドソン川の奇跡」に学べ

「ハドソン川の悪夢」になってもおかしくなかった危機的状況を「奇跡」にしたのは、冷徹なまでの正確な現実把握と多面的な知識、それに基づく的確な決断と高度な操縦技術のたまものであったといえる。

この「ハドソン川の奇跡」から私たちが学ぶべきことは決して少なくない。一五四九便ほどの緊急性はないが、日本社会も経済状況をはじめとして、厳正で冷静な現実把握が求められている。部落解放運動も同様である。被差別部落や部落差別の正確で多面的な実態把握なくして、正しい部落解放運動の方針は立案できない。そのための第一歩として、全国各地で差別事件の集約分析と、人権や差別に関わる意識調査、そして生活労働実態調査を実施し、正確な現状把握を行う必要がある。それが部落解放運動再構築の出発点である。

4 希有な体験から危機管理を考える

▼全身麻酔による手術を終えた後

ところで厳しい状況にある部落解放運動をふまえ、トピックス的、コーヒーブレイク的に私の体験から危機管理について述べておきたい。

それは声帯にできたポリープ除去手術のために全身麻酔をした短い入院中（二泊三日）の出来事である。本来は一週間ほど入院しなければならなかった手術であったものを、執刀医に頼み込んで二泊三日にしていただいた。そもそもその入院中に原稿を執筆しようと考えていたほど仕事に追われていた。その入院中のポリープ除去手術中にハプニングが起こった。ある年の二月二一日午前中のことである。全身麻酔による手術を終え、ベッドに寝かされたまま四人部屋である自室に帰って、三〇分から一時間ぐらいが過ぎた頃である。麻酔からようやく覚めた私のもとに執刀医が手術器具が一つ見あたらないと告知しにきたのである。誤解が生じないように申し上げておくが、私はその医師を非難するためにこの原稿を執筆しているのではなく、評価するために執筆しているのである。その医師は誠実で謙虚な人柄であり、私は今も医師として高く評価している。

告知内容は、その手術器具が私の体内に残っている可能性があり、それを確認するためにこの部屋にレントゲン機材を運ぶからレントゲンを撮らせてくれということであった。

本題ではないので詳細を述べることはしないが、体内に残っている可能性のある手術器具は尖ったものではなく、体内を傷つけるようなものではない直径五センチほどの半円形のものであることなど、手術直後という私の心身の状況を的確に判断した丁寧で温かい言葉であった。

その告知を聞いたときの私の心境は、私の身にそんなことが起こるのかといった驚きと微かな胸の違和感が気になる程度で、体内に残っていないことを願っていた。

▼私への気遣いと真摯な謝罪

ニュース報道ではそのような事態を何度か聞いて知っていたが、そんなミスをする医療チームがいるのかといった驚きの気持ちを持つぐらいであった。

レントゲン撮影の結果、やはり私の胃に手術器具があることが確認できた。私は手術室内に落ちていることを期待したが、残念ながら私の微かな違和感と合致する結果で私の胃に落ちていたのである。それを確認した医師は、手術器具を除去するための方法を二通り説明してくれた。私は声帯手術後なので数日間発声できず、うなずくだけであったが、私への気遣いと真摯《しんし》な謝罪とともに摘出方法について説明してくれた。摘出方法は第一段階が胃カメラによるもので、それがダメな場合の第二段階が再度の全身麻酔による摘出だと説明してくれた。ただし、胃カメラによる摘出は内科医によって行うため数時間後の夕刻であることも告げられた。私はもっと早くできないかと思ったが、発声できないので夕刻まで待つしかなかった。

その間、横になったまま不安な状況の中で持参した本を少し読んだところで眠ってしまった。しばらくして目覚めてから自身が置かれている状況に関していろいろなことが頭をよぎった。

▼危機管理という視点から見れば

手術のための入院は二月二〇から二二日までであった。入院中に締め切りの迫った原稿二本を抱えていたために病院に携帯用のパソコンを持参していた。その原稿の一本は手術前日の二〇日に書き終え、もう一本の原稿を二一日の手術後に執筆しようと考えていた。そんなときに手術ミス、厳密にいえば「術後器具回収ミス」が起こったのである。とりあえず術後、二本目の原稿も書き終えることができたが、痛みとの闘いでもあった。

しかし、私の痛みを切り離して考えるなら今回の手術ミス後の対応は危機管理という視点から見れば極めて的確であったといえる。私は「組織は問題を起こしたことで非難されるよりも、その問題にどのように対処したかによって非難される」といってきた。その言葉が文字どおり当てはまる体験であったと考えている。

一度目の全身麻酔による手術中のことは、当然ながら私にはまったくわからなかったが、二度目の胃カメラ挿入による手術器具の摘出手術は喉への部分麻酔であることによって、ほとんどの状況を捉えることができていた。術後の喉が腫れた状態であったため、なかなかうまくいかず、先端にカメラが付いたホースの太さを変えては挿入するということが続き、三度目の挿入でやっと胃にあった手術器具を先端の爪で捕捉することができ、器具の摘出に成功したのである。

正直に言って、途中で全身麻酔にしてほしいと思うほど痛かった。術後の喉の腫れていた部分が、私の感覚からすれば部分麻酔が効いていなかったのではないかと思われるぐらいであった。

しかし、その痛みを超えるぐらい適切な前後の処置とインフォームドコンセント（説明と同意）であった。まさに「起こしたミスへの対処の方法」が的確であったことによって、非難するよりも評価したいと私に思わせる状況を作ったのである。まさに危機管理の基本が十分にふまえられた対処方法であった。

▼事実関係を正確に捉え説明を

もし手術ミスに対する損害賠償請求をすれば間違いなく私の主張が通るだろう。民法七〇九条（不法行為）の一般的要件は、①故意・過失、②権利侵害・違法性、③損害、④因果関係である。すべて満たしているのである。

それでも私の心境はまったく逆で感謝しているぐらいである。なぜそのような心境にさせたのかを少し分析してみたい。「過去は変えられないが、未来は変えられる」とよくいわれる。起こった問題を起こらなかったようにはできないが、起こった問題の被害を最小限に止めることはできる。今回の一回目の手術後の説明や処置によって、最初のミスを最小限に抑えてくれたといえる。

その危機管理ともいうべき最初の手術後の対処で評価すべき点は、第一に、私に対して手術ミスと事実関係を正確に伝えてくれたことである。手術後あまり時間が経っていないということもあり、私の身体的状況を配慮して短い説明であったが、なぜ体内に残ってしまったのか。

どのような器具が体内に残り、それが私の体にほとんど悪影響を与えないことなどを正確にわかりやすく説明してくれたことである。

第二に、なぜミスをしたかを執刀医自身の非と自分の責任であることを率直に認めてくれたことである。その際にもその器具が手術時にどのような役割を果たす器具であるか、なぜ食道内に入ったかも簡潔に説明してくれた。

第三に、誠実に謝罪してくれたことである。私自身がそこまで謝罪していただかなくてよいと思うほど真摯な謝罪をいただいた。特に私より少し年輩かと思われる医師に心からの謝罪をいただくと、逆にこちらのほうが恐縮するほどであった。

第四に、以上の正確な問題認識と私に対する説明とともに、それらの問題を解決するための今後の方針を私に不安を与えないように簡潔に明確に示してくれたことである。

トラブルや問題が発生しても、その問題を解決する展望が示されているとき、人々の不安は大きく解消される。私も多くの人々から人権や法律に関わる相談にのるが、多くの人々から元気になった、パワーをいただいたといわれると本当に嬉しく思う。それは私のこれまでの経験と知識の蓄積を活用して、相談者の問題を解決するための展望を示すことができるからである。

第五に、第四とも関わって精神的ケアの重要性である。看護師も私に不安を与えないように十分な配慮をしていただいたことに感謝している。二回目の器具摘出手術が成功しナースセンターにその一報が入ったとき、よかったといった歓声が上がったと看護師のリーダーの人が教えてくれた。みんな心配していたにもかかわらず、それらが私の不安につながらないように接してくれていたのである。この二泊三日の手術・入院体験は私の生涯の財産になった。

以上のように現実を正確にふまえた的確な取り組みが危機を克服する最重要課題であり、厳しい状況にある部落解放運動も内外の状況を正確に捉えることが正しい改革につながるといえる。

第三章 多様な組織を活用した部落解放運動を

1 多様な法人を活用した運動組織を

▼社会的課題解決のために多様な法人を

今日、以上の時代的特徴と運動内外の変化をふまえた部落解放運動を担う組織のあり方が問われているのである。つまり行財政状況の悪化にともなう社会的変化を十分にふまえた部落解放運動の柔軟な組織形態が求められているのである。

先述したように時代の特徴としての行財政の悪化、格差拡大社会にともなう貧困層の固定化などに対応した取り組みが求められている。その具体的手法の一つが多様な法人を設立して差別撤廃をはじめとした社会的課題解決を進めることである。

NPO法人や社会福祉法人をはじめとする多様な法人を設立して行政が担っていた役割を補完し、社会的課題を自ら解決するために活動することは行政の下請けではない。先に紹介したようにこれまで部落解放運動は生活保護者の自立・就労支援をはじめとする種々の取り組みを展開し大きな実績を残してきた。

例えば貧困層の固定化を防止する政策を提案し行財政を活用して起業することや、高齢化社会の課題に対応した福祉事業を展開することは運動の重要な課題でもある。そしてこれらの社会的起業は地域の雇用や生活課題の解決につながり、運動の活性化にも結びついてきた。そのためにも地域のリーダー層に社会的起業を担いうる能力が求められている。

またこうした社会的起業を展開し社会へ貢献することは部落差別撤廃にもつながる。少子高齢化をともないながら地方から、より一層進行している人口減少は行財政、経済、福祉、教育、生活等の分野に大きな影響を与え、日本社会だけではなく部落解放運動にも大きな影響を与えている。

今日、こうした日本社会の課題を解決していくために、先に述べたように大きく分類して三つのセクター（部門）がその役割を果たしている。日本社会に未曾有の危機をもたらした東日本大震災の復興しかりであり、急速なスピードで進む少子高齢化にともなう問題しかりである。こうした課題解決のために大きな役割を担っているのが「非営利セクター」である。

例えば少子高齢化の中で、先述したように生産年齢人口は一九九五年をピークに減少し続け、働く人々は年々少なくなっている。しかし認知症高齢者の数は年々増加し続けており、厚生労働省の予測をはるかに超えて増加している。二〇〇三年に厚生労働省が予測した認知症高齢者の数は、二〇一〇年には二〇〇万人であったにもかかわらず、実際には二〇一三年に四〇〇万人を超えていた。さらに二〇一五年には五〇〇万人に達し、二〇二五年には七〇〇万人になると予測されている。人口二〇人に一人以上が認知症高齢者という数字である。

これらの認知症高齢者が安心安全に人権が守られた環境で生活をしていくためには、先に挙げた三つのセクターの強力な取り組みが必要である。とりわけ非営利セクターの一つである社会福祉法人が運営する特別養護老人ホームの存在なくして考えられない。企業営利セクターが運営する同様の施設も存在するが、所得の低い人々は高額な費用が必要であるためほぼ利用することができない。また行政機関が提供している同様の施設は極めて少ない。認知症高齢者の問題だけでも以上のように多くの問題を抱えており、これらの問題の抜本的な解決のためには非営利セクターの役割がますます大きくなってきている。

これらの問題は認知症高齢者だけの問題ではなく、例えば「ひきこもり」等の問題も重要な社会的課題として存在する。二〇一〇年時点で「ひきこもり」は全国約七〇万人で、「ひきこもり親和群」は約一五五万人といわれていた。これらの問題は行政セクターや企業営利セクターだけでは解決できない。

▼社会的課題解決のために非営利セクターの活用を

まさに行政・公的セクター、民間・企業セクター、非営利セクターが一体となって日本社会全体の課題に取り組まなければ日本の将来は危ういといえる。

しかし行政・公的セクターは二つの理念の間を大きく揺れ動いている。「大きな政府」でいくのか、「小さな政府」でいくのかという問題である。これまで新自由主義、市場原理至上主義を内包しつつ「小さな政府」派が幅をきかせようとしてきたが、現在はそうした路線を是正しなければ、日本社会の今後の課題が解決できないことが明らかになってきた。少なくとも人口の少ない国で栄えている国は「小さな政府」路線ではない。人口減少が進行しつつある日本においては、先に述べたように人口の少ない国で栄えている国の政策から十分に学ぶ必要がある。

一方、民間・企業セクターの中にも短期的な視点だけで私的利益だけを重視し、社会的利益や社会的責任を十分にふまえない企業も存在する。そうした企業が長期的発展を成し遂げることができないのはいうまでもない。このように民間・企業セクターも、行政セクターの抱えている「小さな政府」派と「大きな政府」派のように私的利益と社会的責任（ＣＳＲ）の間で大きく揺れ動いていたが、国連のＳＤＧｓ（持続可能な開発目標）をはじめとする国際的な多様な動きによって、より一層企業のＣＳＲ等が重視されるようになった。

こうした状況の中、非営利セクターの役割がますます大きくなってきている。今や企業にとってのビジネスも行政セクターと非営利セクターとの連携をいかに図るのかということが重要課題になってきているのである。

こうした社会的課題は部落解放運動の課題とも重なる。社会的矛盾は被差別部落に集中的に現れるといわれてきた。これらの社会的矛盾を解決するための課題は当然のごとく被差別部落に一層深刻に現れる。

つまり被差別部落の課題は被差別部落だけの問題ではなく、社会全体の課題でもあり、それが集中的に現れることが部落差別の実態として認識されてきた。今日のように一般施策を活用し改革・創造しながら部落解放運動の課題を解決することは、社会的矛盾を解決することに大きく貢献する。

そして近年は先に述べたように行政セクターのパワーが財政状況の悪化とともに大きく後退している状況にある。こうした状況をふまえ、部落解放運動が非営利セクターをはじめとした多種多様な法人を設立して、社会的課題とも重なる部落解放運動の課題を解決することは、部落差別撤廃を前進させるだけでなく、社会的課題を解決することにも大きく貢献できる。また今日の社会情勢とも合致した方針であるといえる。

それだけではない。特別法時代の部落解放運動は、部落差別撤廃の多くの課題を行政に求めてきた。今後も行政責任を明確にして部落差別撤廃行政（同和行政）・人権行政の推進を求めていくことが重要な課題であることはいうまでもないが、同時にその行政のパワーが行財政の悪化とともに縮小しつつあることも周知の事実である。そのためにも法人を活用した部落解放運動が求められている。

▼法人を活用した運動の積極面

こうした認識の下、法人を活用して部落解放運動を展開することは以下のような積極面が考えられる。

第一に社会的起業の精神で非営利セクターを中心とした社会的「企業」ともいえる法人で部

落差別撤廃の課題に取り組むことは、部落解放運動のウィングを一層広げることになる。運動課題には差別・人権侵害事件への取り組み以外にも、教育・雇用・福祉・医療・生活・住宅・環境等の多様な分野が存在している。これらの分野の課題を解決するためには、先に紹介した社会福祉法人のような法人を活用したほうがより効果的である。

特別法失効後の行政の課題として、「①差別意識の解消・人権意識の高揚を図るための諸条件の整備、②被差別部落出身者の自立と自己実現を達成するための人権相談を含めた諸条件の整備、③被差別部落内外の住民の交流を促進するための諸条件の整備を図ること」だと指摘してきたが、こうした課題に法人を活用した取り組みは、以下にも述べるように重要な役割を果たすことができる。こうした課題を前進させるために行政責任を果たさせることが重要だといえる。

第二に自らの設立した法人で運営に責任をもって取り組むことは、「行政依存体質」の克服にもつながる。今や「依存」できるような「豊かな行政」もなく、事実上克服されているが、行政責任を明確にしつつも、自ら社会的課題を解決する姿勢は部落解放運動の組織をも強くする。部落解放運動の真の力は、その地域に行政からの支援も公的施設も何もなくても、部落解放運動に多様な能力をもって情熱的に取り組む人々が何人いるかにかかっている。

第三に多様な組織形態を使って部落解放運動を推進することは、運動課題を効果的に遂行できることにつながる。また部落差別撤廃の課題を遂行するために自ら責任を持って法人を運営することは、そのこと自体が人材育成に結びつく。法人等で部落差別撤廃の課題に取り組んでいる人々も運動推進者のメンバーであることは明確であり、それぞれの法人でその専門的な人材を育てることにもなる。

第四に非営利セクターを中心とする法人を活用することは雇用確保にもつながる。非営利セクターといえば、そこで働く人々はボランティアで無償で協力してくれる人々で構成されているという認識をもっている人々がいる。非営利セクターは営利を求めないだけであって、多くの人々がそこで働き経済的糧を得ている。人はどこかで経済的糧を得なければ生活ができない。それは部落解放運動のリーダーも同様である。

ある地域の社会福祉法人では特別養護老人ホーム、デイサービスセンター、障がい者施設、グループホーム等を運営しており、一〇〇人を超える職員が働いている。職員は有給であり、その給与で生活している。その中には運動組織のリーダーも存在している。つまり課題解決と人材育成、働く場の確保にもつながっているのである。

第五に部落解放運動団体は一般的に法人格を持たない組織が多いが、非営利セクターの多くの組織は法人格を持つ。非営利セクターには、先に挙げた社会福祉法人だけではなく、公益、一般の社団法人、財団法人があり、NPO法人、学校法人等がある。法人格を持つことによって、任意団体ではできない多くのことができるようになる。その一つが行政が民間に委託する事業等の受け皿にもなることができ、金融機関等から融資を受けることもできる。そしてそれらの施設は、部落解放運動の課題である生活・福祉の課題を遂行している。被差別部落出身者でない多くの高齢者、障がい者を受け入れ、障がい者差別等の撤廃に取り組み社会に貢献することができる。

第六にその他にも重要な役割を果たすことができる。公的施設の指定管理者になることもでき、人とお金と情報が集まり、それらが流れる組織ができれば街も活性化する。さらに企業等の営利法人と連携して社会に貢献できる事業を展開することもできる。

これからは部落差別撤廃の課題を遂行していくためにいかなる組織形態がベストなのかという発想をもつ必要がある。

▼法人を設立・運営するために求められること

以上のような意義を持つ多様な法人を駆使して部落解放運動を推進していくためには、地域のリーダーに次のことが求められる。

まず第一に課題・目的に合致した法人を選定し設立する能力が必要であり、運動と法人の役割分担や財務を含めた運営を明確に分離できる能力が求められる。

第二に行政から提起される政策を活用する能力と行政機関等に政策提起ができる政策能力である。一般施策を活用・改革・創造する発想を持たなければ、法人を活用した部落解放運動は創造できない。部落問題を解決するためには被差別部落の問題を解決するという発想から行政システムも含めた社会全体を変える発想が求められている。それが被差別部落の問題を解決することにつながっているのである。行政の一般施策によって部落の困難な生活・教育などの課題が解決できるような行政システムにしなければならないのである。そうした取り組みの中で法人を活用していくことが重要なのである。そのためにも運動リーダーの政策能力を向上させ、行財政悪化に対応した新たな人権・福祉・教育政策や行政システムの提案が求められているのである。

第三に非営利セクターを中心とする法人を活用するためには、利益を追求する必要はないが、法人財政が成り立つ必要がある。その法人で働く人々に賃金を支払うことができ、その他の諸経費を賄うことができる財政が必要である。そうしたことが確実にできる経営手腕である。財務諸表を理解できる能力のようなものも必要であり、法人の業務を責任をもって遂行し、働く人々が快適に働くことができるような管理能力等も必要である。自身ができなければ、それらの業務をこなすことができる人を探すか養成することが求められる。人を雇用する各セクターには、雇用責任・労働責任・提供責任がともなう。それらの責任を十分に果たす能力である。

以上の能力を養い駆使することができるならその地域の運動は活性化する。すでに多様な法人・組織を活用して生活・福祉・教育などの社会的起業を推進し、まちづくりに大きく貢献している事例が存在しており、そうした事例に学ぶ必要がある。

全国水平社を創立した人々は、地域に公共施設も部落差別を撤廃するための行政施策も何もない時代に権力に抗しつつ部落解放運動の端緒を切り開いた。そうした進取の気風とチャレンジ精神を再構築する必要性がある。

2 差別撤廃にむけて多様な組織の活用を

▼課題に適した多様な「組織」の活用を

ところで今日の部落解放運動を推進している中心的な組織である運動団体は任意団体である。見なし法人とはいえるが法律で定められた法人組織ではない。また部落解放運動は全国水平社以来の伝統を引く部落解放同盟だけが推進しているわけでもない。部落解放運動には多くのネットワークがあり、その中には労働組合やそれらを組織した共闘組織、企業を構成員とする組織もあれば、研究、宗教、教育、福祉、医療など多様な機関が部落差別を撤廃するために日夜努力している。運動団体ではないが、地方公共団体も部落差別撤廃のために努力している団体の中に含まれているといっても過言ではない。これらの組織が部落差別を撤廃するために大きな役割を果たしている。

またその組織形態も任意団体から法人格を持った組織まで多種多様である。法人格も「一般」「公益」などの社団法人や財団法人、NPO、株式会社などの法人、社会福祉法人や学校法人など数え上げればきりがないほどの組織形態が存在する。大阪には認定NPO法人としてのニューメディア人権機構などが電子空間上で人権情報を発信し続けている。これらの活動が電子空間上で積極的な役割を果たしていることはいうまでもないが、その他の多くの組織も日夜部落差別撤廃や人権確立のために多様な役割を果たしている。

部落差別を撤廃するためには多種多様な課題が存在する。それらの課題を克服するためには、その課題解決に適した組織を創り上げて推進したほうがスムーズに解決できる。例えば病を治すために病院という組織があるように、私たちの社会は社会的課題を解決するために多くの組織を創り上げ活用してきた。部落解放運動も個々の課題を解決するために、それらの課題に適した多様な組織を使いこなすという発想が求められている。以下に具体的事例を紹介し、多様な課題に多様な組織をもって対処していく手法や政策について考えていきたい。

▼多種多様な課題に対応した組織を

具体例を挙げよう。大阪市内のある支部・地域には、「地域のまちづくり一〇のコンセプト（理念）」が存在する。今から四半世紀以上前に策定されたものである。

その内容は、①生涯健康をめざすまち、②差別撤廃・人権情報発信のまち、③自立・自己実現をめざす教育のまち、④働きやすい雇用システムをめざすまち、⑤多民族共生のまち、⑥新しい文化を生み出すまち、⑦リサイクルと環境保全のまち、⑧防災のまち、⑨高齢者や障がい者がいきいき暮らせるまち、⑩情報化を推進するまちである。

上記のコンセプトは、部落解放運動の中心的な課題の一つが地域の環境改善だった頃には一層重要なものであった。これらの理念を実現するために、次項で紹介するように五W一Hをふまえて、課題内容や誰が中心となってその課題を遂行するのか、時期、場所、方法・手法、目的、財源等を明記したチェックシートを作成し、討議を重ねて具体的政策として立案しなければならない。なかでもどのような組織を作って実現していくのかということは常に重要な課題である。

例えば、①生涯健康をめざすまち、④働きやすい雇用システムをめざすまち、⑨高齢者や障がい者がいきいき暮らせるまちといった三つのコンセプトを実現するためには、すでにあった既存のハード（建物等）・ソフト（制度や考え方等）をいかに活用するのかといったこととともに、新たなハード・ソフトをどのように構築していくのかということも重要な課題になった。

▼高齢化に対応して社会福祉法人を創設

さらに上記の①④⑨のコンセプトを実現するために特別養護老人ホームやデイサービスセン

ターの建設が計画された。これらの施設ができれば、高齢者が安心して暮らせ、雇用の場も増加する。そのためには社会福祉法人が最も適切と考え、社会福祉法人を創設した。並行してその他の法人組織も創った。現在、その社会福祉法人で百数十人が働いている。一〇〇名弱が個室で暮らせる特別養護老人ホームやデイサービスセンターだけでなく、障がい者施設、グループホームなどを所有し、大阪市内の老人センターなどの管理運営なども行っている。

また、全国各地では、一般、公益の社団法人や財団法人をはじめ任意団体等も創設して、部落差別撤廃やその他の人権問題に取り組んでいる。教育、雇用、医療、福祉、企業、宗教、労働組合、経済界、業界団体、メディア業界、地方自治体などの多種多様な組織が活動し、それらがネットワーク的に部落差別撤廃と人権確立に取り組んでいる。

それらの中心的存在が府県レベルにおいても地域レベルにおいても全国水平社を引き継いでいる部落解放同盟なのである。そうした意味でも部落解放同盟は、府県・市町村、地域の各級レベルで多種多様な組織の中軸として、多様な組織を自ら運営したり、多くの協力・支援組織のネットワークを運営する責任と能力が求められている。これらのネットワークを再構築・再整備し強化できれば、新たなステージとさらに高い目標を望んで部落解放・人権確立運動が展開できることになる。それができなければ大きく後退し衰退していくことになる。そのための中心的課題は、上記のことを担える人材の発掘・養成と時代に合った新たな部落解放・人権確立運動理論の構築である。

3　政策立案と実現のためのヒント

▼「忙しい怠け者」になっていないか

前項で述べたように社会的課題を事業化するためには行政機関に要求するだけでなく、部落解放運動自らも主体的に社会的課題を解決するために取り組む必要があることを指摘した。この社会的課題の事業化に求められるのが、具体的な政策とそれを実現するための知恵とパワーである。

部落解放運動も多くの課題を抱えているが、行政機関や企業など種々の機関も多くの課題を抱えている。それらの課題が何年も先送りされていることも少なくない。個人でいえば解決しなければならない課題だけが頭にあふれ、それで思考が停止している人々もいる。頭の中が解決されない課題に満たされたまま、「あれもこれもやらなければならない」と考えて気持ちだけが忙しく、現実は何も進まない状態に陥っている人もいる。脳の短期記憶が満杯になれば論理的に物事を考えたり、整理ができなくなってしまう。組織も同様である。

私はときに自省を込めて「忙しい怠け者」という言葉を使う。課題に優先順位を付けられず、課題解決が一向に進まないまま、いたずらに月日だけが過ぎていく経験をお持ちの方も多いのではないだろうか。優先順位を付けて課題を確実に片付けていけば「ゆったりとした働き者」になれるにもかかわらず、気持ちだけが焦って、課題は気持ちとは逆に遅々として進まず、チャンスを逃すこともある。

▼優先順位、政策立案、実行力が重要

「ゆったりとした働き者」になるための重要な三つが、優先順位を付けることと課題解決のための政策立案、そしてそれを実現していく課題解決能力や実行力である。

この項では政策を立案し、それを実現していくときのヒントになるようなことを考えていく。その前に政策立案の最も重要な前提である問題（課題）発見について触れておきたい。問題発見や政策立案の端緒は、具体的な不祥事や事件、相談などの場合が多く、そうした具体的事例から種々の調査が行われることも少なくない。

具体例で考えてみよう。一九九八年、採用時の大量差別身元調査事件が発覚し、それらの事

件の分析を通じて採用時の法的問題がより明確になったことがあった。私たちは差別事件が発生・発覚すれば、事件の詳細な事実関係を整理するとともに、事件の差別性、問題点を明確にし、その背景・原因を分析する。それらの背景・原因を克服するための課題を設定し、課題を解決するための政策を立案していく。そしてそれらの政策を実現していく。

この事件では、背景の一つとして「現行法と採用」に焦点を当て、採用前・採用時・採用後の時系列で立法状況を分析した。以前から認識していたことであったが、採用前は職業安定法で職業紹介等において差別禁止規定があり、採用後は労働基準法で同様の規定があった。しかしこの事件と密接に関わる「採用時」には、そのような法的規定はまったくなかった。

▼事件や不祥事を正確に分析すること

つまりこうした事件や不祥事を分析することを通じて、法の不備や問題・課題を発見することができる。同様に具体的な相談を分析することでも多くの問題・課題を発見することができ政策立案にも結びつく。これらの背景分析をふまえて、三つの方針を立案した。一つは採用時の「差別禁止法」の制定であり、他の二つは採用前の職安法や採用後の労働基準法の差別禁止規定を採用時も含むように改正するというものであった。実はこれらの案は、この事件以前の事件分析から持っていたものであったが、この事件とともに再浮上してきたものである。

この事件の場合、一つ目の案である採用時の差別禁止立法は実現していないが、採用前の職安法改正によって事実上、採用時の法的差別禁止が実現することになった。採用時の個人情報保護の取り組みも大きく前進させることができた。この改正職安法は、事件翌年の一九九九年六月に成立した。改正職安法第五条の四として、求職者の個人情報保護の規定が設けられ、同条に基づく指針も整備された。こうした取り組みによって、事実上採用差別ができないようにしたのである。

この事例の場合も事件発覚から実行までのプロセスは、事件分析を行い、問題を発見し、課題設定・課題把握を行い、政策立案、目標設定、具体的方針とその総合評価、方針実行、実行チェック、計画修正の段階をたどっている。私は物事を進めていく場合、そのような段階を経て問題・課題を解決していく。

▼時間軸と空間軸をヒントに考えよう

以上の課題を実現するために活用した考えの一つは、時間軸（過去〜未来）と空間軸（地域〜国際）である。政策創造もその実現も、時間軸で過去にはどのような制度や政策が展開されてきたのか、未来に向けてどのようなビジョン・構想を持つのかといった調査をすることが重要である。また空間軸で他の地域や市町村、都道府県、他国、国際社会にはどのような政策事例があり、それがどのようなプロセスを経て実現したのかを知り参考にすることが大切なのである。過去や他の社会から学ぶことが政策創造と実現に大きく貢献してくれる。

上記の事例でもわかるように政策創造・実現の最も大きな根拠になるのは、その前提となる事実である。法律を制定・改正するときの根拠は立法事実である。立法事実とは、法律の必要性を根拠づける社会的・経済的事実のことである。その他の政策を根拠づけるのも「政策事実」ともいうべき社会的事実である。こうした事件や不祥事、相談などの事実が政策立案・創造の大きなヒントであり、実現の根拠であることを忘れてはならない。何度も述べてきたが、政策を考える基本フレーズは、「方針は現実から与えられる」ということである。

▼特徴・活用・政策・実践と五W二H

別の視点からもこの言葉は重要である。私は政策を実現していくときに「特徴・活用・政策・実践」ということを常に念頭においている。時代や地域の「特徴」という現実を正確に把握し、それらの特徴を「活用」するためにはどのような「政策」が必要かを考え、「実践」していく。先に述べた職安法改正も事件が発覚した一九九八年に改正論議が始まっていたという「特徴」を「活用」して、その中に大量差別身元調査事件という「立法事実」を掲げて「政策」を「実践」したのである。

「特徴」を捉えるときには、一面的ではなく多面的な把握が必要であることも忘れてはならない。多面的とは人的、物的、地理的、政治的、経済的などの特徴であり、積極面・消極面や強い面・弱い面などの特徴ということである。

さらに政策を確実に実現していくときには、五W二H（何を・誰が・いつ・どこで・目的・方法・財源）を具体的に考えていく必要がある。その場合、チェックリストを作ることも有効である。具体的には将棋盤のような表を作成し、最上段の横軸に上記の五W二Hを並べ、最上段左端の枠から「何を」つまり具体的な政策テーマを記し、順次右に「誰が」それを責任者として行うのか、「いつ」を目途に行うのか、「どこで」行うのか、その「目的」「方法」「財源」を当てはめていく。左の縦軸には政策テーマが上から下へと枠に記されていき、それぞれの政策テーマの右には責任者や方法などが埋まっていくのである。それをチェックしながら修正を加え、一歩一歩確実に政策を実現していくのである。そうしなければ課題だけが山積していく。

▼ネットワーク的発想と人・財・情報

また、政策立案・実現のためには、ネットワーク的発想を持つことも重要である。政策とは突き詰めていけば、多くの場合、人と財（お金）と情報に還元される。例えば人権教育を強化しなければならない課題があるとする。その課題を具体化する政策の一つに教員の人権教育指導力強化研修を立案すれば、その研修のための予算（財）確保が必要となり、どのような教員（人）を対象に実施し、どのような研修内容（情報）が必要なのかということが常に問題になる。

つまり人・財・情報が政策三要素といっても過言ではない。「人」の養成・活用・集め方などによって、政策効果は大きく異なってくる。「財」の場合でも、どのようなお金の使い方をするのかによって、その効果はまったく違う。どぶに捨てるような予算の使い方もあれば、一〇倍一〇〇倍の効果を発揮する使い方もある。こうした人・財・情報に関わる政策立案・実現のために単体で物事を考えるのではなく、ネットワーク的発想をすれば大きなパワーを得ることも可能だ。お金も人も情報もネットワークを活用すれば可能性は大きく広がる。私も政策を考え実現していくときに常にネットワーク的に考え、不可能と思われること、困難と思われることを可能にしてきたことがある。お金や人や情報が不十分であれば、ネットワークから借用することや得ることもできる。部落解放運動は、その歴史性と規模、取り組んできた差別撤廃という課題からあらゆるジャンルにそうしたネットワークを最も多く持っているといえる。

▼キーワードで政策を考える

また政策を考えるときのヒントは、ジャンルによって種々のキーワードが存在する。それらのキーワードを縦軸と横軸に並べるだけでも多くのアイデアが生み出されてくる。

一例を紹介しよう。私が生まれた地域の横に都市公園がある。その公園を活性化しようということで政策アイデアを考えたとき、公園の目的を考え「公園と人」をキーワードに、公園には木・花・陽光・風・水などがあり、人には視覚・聴覚・触覚・嗅覚・味覚がある。それらを先ほどの将棋盤のように縦軸と横軸に並べ、例えば水と視覚がクロスするところには、水を噴水にすればより人々の目を楽しませることができるのではないか、あるいは水と聴覚がクロスするところには、水の流れを聴くことができるようにせせらぎを作ることができないかといったように論議した。また人の中には障がい者もおり車いす生活の人がいる。そうした人々が公園で楽しむためにはどうすべきかと考え、公園内に車いす専用の歩道を作ったこともあった。そうした手法も政策立案に大きく役立った。私は政策立案の論議ほど興味深いものはないと考えている。多くのヒントからそれぞれのまちで社会的課題解決の事業化政策を立案し実践すれば展望を開くことができる。

第四章 サイバー（電子）部落解放運動の強化を

1 電子空間上の差別事件を分析する

▼電子空間上の無法状態が差別の悪化に

部落解放運動の再構築に関わって、運動の重要な課題でもある電子空間上の差別事件について分析しておきたい。今日、ＩＴ革命の影響によって個人情報や個人データ、プライバシー保護が瀕死の状態にあることは多くの読者の理解するところである。電子空間上の無法状態ともいえる状況をＥＵが一般データ保護規則（ＧＤＰＲ）を制定して個人情報保護を強化していく姿勢を鮮明にしたことも危機感の表れの一つである。この電子空間上の無法状態ともいえる状況を差別事件に当てはめれば、電子空間上での膨大な量の差別事件の発生につながっていることとが理解できる。
本稿の執筆前に『部落解放研究』（部落解放・人権研究所、二〇一八年一一月発行）に「今日の差別事件の特徴と傾向及び背景と課題」を執筆させていただいた。その中心的な分析対象は電子空間上の部落差別事件であった。この項ではその内容の要約という形で紹介していきたい（詳細を知りたい読者は上記の拙稿をご覧いただきたい）。

電子空間上の差別事件の特徴・傾向・差別性・問題点を分析することは、今後の部落解放運動の再構築にとって極めて重要である。

ネット上の差別事件が爆発的に増加している傾向とネット上の極めて悪質な事件の分析からいえることは、差別行為者が持つ差別意識とその意識を実際の差別行為に走らせるまでのハードルが極めて低くなっている傾向が顕著であるということである。またネット上に書き込まれている多くの差別的内容の記述は、差別記述に対する多くの人々の抵抗感を弱めるとともに、それらを差別だと認識できないデジタル市民を増加させている。

以上の傾向がネット社会の進化とともにより顕著になっている。それは近年のネット社会の特徴と密接に関わっている。ＳＮＳ（ソーシャルネットワーキング・サービス）の普及によって、コミュニケーションのあり方も変化してきている。一般のコミュニティとは異なるソーシャルネットワークの中で、差別意識や思想が過剰になり、増幅されている現実が深化している。

▼なぜ差別意識が強化、増幅、拡大されるのか

インターネットが生み出したプラットフォーム（場）によって、コミュニケーションのあり方が変化してきているのである。そのキーワードは「ホモフィリー」と「エコーチェンバー」である。ホモフィリー（同類性）とは、人は同じような属性を持つ人々と群れるという考えをベースに、個人を同類の他者と結びつけることを重視するソーシャルネットワークの基盤的な考え方である。エコーチェンバー（反響室）とは、考え方や価値観の似た者同士で交流し、共感し合うことにより、特定の意見や思想、価値観が、拡大・増幅・強化されて影響力をもつ現象である。差別思想がより攻撃的、扇動的になる現象である。

例えばインターネット交流サイトを運営する最大手の米フェイスブックは、同類のグループにネット上の枠組みを提供する。そうした「コミュニティ」が構築されれば、その中で受け取った情報やメンバーが形成する態度、経験の相互作用によって、参加者に大きな影響を与える。つまり差別意識や差別情報、差別的な経験が、同質性に基づく閉鎖的なコミュニティの内部で、反復的にコミュニケーションされると、強化、増幅、拡大されるという現象である。そ

れが響き合うようにさらに増幅される作用がエコーチェンバーである。

こうして増幅されたコミュニケーションやメッセージは同類の人々の心理や意識に大きな影響を与える。それは紛れもなく差別情報の内容がフェイク情報であっても、真実として受け止められるような意識や情報受容体質を生み出していく。今やそのフェイク情報をAIがツイッターのアカウントを大量に入手し、自動で瞬時に広めることも容易にできる。さらに特定の差別助長キーワードに基づいて多くの投稿をコピーし自動で拡散していくことも可能である。これらの情報がネットリテラシーのない多くの人々に影響を与え、差別や偏見を助長している現実が存在している。

こうしたSNSが持つ作用によって、差別事件の内容がより過激になり、差別扇動的な内容になるだけではなく、これまでは差別事件を起こすような人物ではなかった人々までもが容易にネット上の差別行為者になり、今日の差別事件をより深刻なものにしている。

さらに以上のような傾向は、無数の差別事件を生み出し、ネット社会そのものがホモフィリーとエコーチェンバーの作用によって、ネット上で差別事件を日々発生させているといっても過言ではない社会的状況を生み出している。

▼差別撤廃に最も重大な悪影響を与える

以上の特徴・傾向をふまえた電子空間上の膨大な差別事件の第一の差別性・問題点は、これまでの差別事件の中でも差別撤廃に最も重大な悪影響を与えるという点である。この種の事件は差別落書きや差別発言と異なって、その後の差別行為の手段として悪用されることも頻繁にある。「全国部落調査」復刻版（事実上の「部落地名総鑑」）のネット上への公開行為は、これまでの差別事件を質的に変えたといえる。つまり公開された被差別部落のリストがダウンロードされたり、何度も差別を行う手段として利用されるようになっている。全国各地の差別事件や部落差別身元調査を誘発・助長することになるという重大な差別性を持っている。差別の手段が広まることによって、安易に差別が助長されるとともに、ネットにアクセスできる不特定多数の一般市民が「部落地名総鑑」を所持することになり、部落差別調査が容易にできるようになっているのである。

第二に差別意識を活性化させ差別扇動性を持つ問題点である。全国各地の被差別部落の地名を暴露することを通じて、差別攻撃のターゲットを示すことになり、この地域が差別すべき地域であることを鮮明にして、多くの人々の差別意識を活性化し、かき立てるという扇動性を持つまでになっている。

第三に電子空間上の差別事件を助長するという差別性や問題点である。近年の電子空間上の増加・悪質化する差別事件が、電子空間上の差別記述に対する一種の「慣れ」といった感覚を生み出し、差別に対する麻痺状態ともいえる状況を作り出している。その帰結が差別記述の増加につながっている。さらに先述したように電子空間上の差別事件を一層助長するという差別スパイラルとも呼ぶべき悪循環を加速させているのである。それだけではない。ネット上の「全国部落調査」差別事件のように、その差別行動に多くの人々を巻き込み、差別事件の差別性をさらに悪質化させるということができるという差別性・問題点である。こうした差別事件の場合、先に指摘したホモフィリーとエコーチェンバーの作用によって、扇動性と差別性が拡大・増幅・強化され、さらに悪化する傾向を持つといえる。

第四に差別行為者つまりネット上に被差別部落の地名リストを公開した人物は特定できても、それらに差別的書き込みを重ねている人物を特定するのが非常に難しいという問題点である。匿名性の問題が、事件の真相究明、事件解決、再発防止を困難にしているのである。

▼差別状態が極めて長期間続いている

第五に第四とも関わって、書き込みを続けている犯人だけではなく、ネット上からダウンロードした人物を特定するのも困難をともなうという問題点である。これまでの差別事件では、例えば差別発言を聞いた人や差別落書きを発見した人がそれに同調したり、その差別に荷担しない限り差別行為者とは原則として見なしてこなかった。しかしネット上の被差別部落リストの場合、それをダウンロードすれば「部落地名総鑑」を入手したことになり、重大な差別行為につながる。これらの人たちを特定することも事件を克服する上で非常に重要なことであるが、それが十分にできないという問題点を持つ。さらに一度ダウンロードされた被差別部落リストは、ほぼ回収困難であり取り返しのつかない事態に結びついている。

第六に極めて重大な差別事件でありながら予防が困難であるという問題点とともに再発する危険が極めて高い問題点を持つ。インターネットの特徴を最大限悪用したネット上の差別事件は、一部を除いて十分な対抗措置や法的措置も取れないまま事実上放置されている状態なのである。

第七にこれまで指摘してきた差別性や問題点とも関わって、差別事件の規模が桁《けた》違いに大きいという問題点である。「部落地名総鑑」差別事件では、購入した企業等の一定の人物にしか被差別部落の所在地はわからなかった。それが電子空間上では先述したように不特定多数の人々が閲覧することができるようになっているのである。つまり差別事件が個人的な規模や組織・地域的な空間で発生していたものから、インターネットを介して全国的・世界的な規模になっているという差別性や問題点を持つようになったことである。

第八に差別状態が極めて長期間持続していることも大きな問題点である。ネット上に掲載された差別文書や差別扇動文書等は、ほとんどの場合削除されてこなかった。これは極めて重大な問題であり、差別状態が半永久的に続いていることを示している。その被害は極めて甚大である。

第九にこれまでの差別事件とは質的に異なる動画等を用いた差別行為も可能になっているという問題点が存在する。米国等では極めて残酷な差別シーンを動画で行う行為も明らかになっている。以上のような特徴・傾向・差別性・問題点を持つ電子空間上の差別事件を克服しない限り部落差別の完全解決はあり得ない。こうした実態を克服することも今日の部落解放運動には求められている。

2 差別撤廃にむけてどのような組織が必要か

▼サイバー部落解放運動構築の重要性

これまでにも「サイバー（電子）部落解放運動の構築」の必要性を述べてきたが、前項で紹介した事実上の電子版「部落地名総鑑」が、二〇一六年二月頃にネット上に掲載されるという前代未聞の差別事件によって、その重要性がますます高まっている。

本事件ではその内容を現実空間で出版しようといった動きまであったことが判明した。すでに出版差し止めの仮処分が横浜地裁で出されたが、二〇一九年六月現在、本裁判は続いており、予断を許さない状況にある。

こうした異常事態が発生する可能性を二〇〇六年の拙稿で記し、二〇〇八年一〇月には拙著『格差拡大の時代—部落差別をなくすために』でも指摘した。長文になるが電子版「部落地名総鑑」の重大な問題点を理解していただくためにも是非読んでいただきたい。

その内容の一部を紹介する。

（前略）私自身が最も危惧しているのは電子版「地名総鑑」の存在である。多くの調査業者がその存在を指摘しているが未だ明らかになっていない。もし電子版「地名総鑑」が存在しているなら以下に指摘するような多くの問題が浮上してくる。

例えば戦争と戦争の手段としての武器の関係を、部落差別とその手段である「地名総鑑」等と重ね合わせて考えれば非常によく理解できる。つまり、武器が勝手に戦争をするわけではなく、国家と国家、人と人とが戦争するのである。武器はあくまでもそのための手段であり、全ての人々の心が平和的になれば武器があっても戦争は起こらない。しかし人々の心に敵対心が芽生え、身近に武器があれば紛争の内容は容易に変化し、内戦や国家同士の戦争となる。武器が内戦や戦争を誘発し激化させるという側面を持つのである。

このような戦争とその手段としての武器の関係と同じように、差別と差別の手段としての「地名総鑑」や調査業者の関係も後者が悪質化することによって、差別を助長し悪化させるという状況を生じさせる。（中略）

▼差別の「武器」を根絶することの重要性

もし差別調査や「地名総鑑」という部落差別をするための「武器」をなくすことができ

れば、人々の意識にも一定の影響を与え、結婚差別についても解消の方向へと前進する。部落差別意識がなくなり差別調査の依頼者がいなくなれば、差別調査がなくなるのは言うまでもないが、差別意識撤廃のためにも手段としての「地名総鑑」やそれらを使った差別調査を根絶することは重要な課題である。

国際連合教育科学文化機関憲章（ユネスコ憲章）は「戦争は人の心の中で生まれるものであるから、人の心の中に平和のとりでを築かなければならない」と明記している。そのためにも「人の心の中に平和のとりでを築」く妨げになっている地球上のあり余る武器を減少させることは重要な課題である。同様に「人の心の中に人権のとりでを築く」ためには、差別の「武器」・道具・手段である「地名総鑑」や差別身元調査を根絶することが必要なのである。

しかし発覚から三〇年以上が経った二〇〇六年においても、すでに明らかになっているように新たな「地名総鑑」が回収され、身元調査のための莫大な量の違法な戸籍不正入手が横行しているのである。

▼ 質的に異なる電子版「地名総鑑」

　これまで精力的に戸籍不正入手事件解明のための取り組みが展開されてきた。その取り組みの中で、多くの調査業者から電子版「地名総鑑」の存在が指摘され、二〇〇六年九月に大阪府内の調査業者から回収された。それらが電子空間上にアップされてしまうことを恐れる。

　先に述べたように二〇一六年二月に事実上の「部落地名総鑑」である「全国部落調査」事件が発生した。

　内紛や戦争に例えるなら、すべての人が戦争を激化させる銃や手榴弾を持つのと同じことになり、インターネットにアクセスできるすべての人が部落差別をするための「武器」や道具を持つことになってしまったのである。

　端的に述べるなら部落差別の「武器」を無償で日本中にばらまいたことになってしまったのである。これまでの「地名総鑑」差別事件は、作製販売者の金儲けの手段として「地名総鑑」が販売されたのであり、それらを購入した企業や調査業者だけのものであった。それが金儲けの手段でなくなることによって、「全国部落調査」の内容はさらに広まることが確実になってしまったのである。

調査業者や購入者だけのものであった「地名総鑑」が、ネットにアクセスできるすべての人々のものになったのである。兵士だけが武器を所持している状態から一般民衆が「武器」を所持する状態になったのである。こうした事態が内紛や戦争をさらに激化させる事態になったことは多くの歴史が物語っている。同様に「全国部落調査」事件は差別撤廃に致命的な悪影響を与えることになった。

こうした事態をふまえ、サイバー（電子）部落解放運動の構築が焦眉の課題になっているのである。テロの頻発が物語るようにすべての人々の心の中に平和のとりでは築かれていない。部落差別も同様である。すべての人々の心の中に人権のとりでは築かれていない。それは多くの意識調査や差別事件をみれば明白である。こうした差別状況の中で差別の「武器」が拡散すれば部落差別撤廃が大きく後退してしまい部落差別事件が続発する。そうしたことを阻止する取り組みと組織が求められている。

3 ネットを駆使した部落解放運動を

▼ワンパターン化した運動になっていないか

これまでの運動スタイルも重要であるが、それだけでは時代の変化を十分に活用することはできない。今一度考えるべきである。本当に私たちは被差別部落をはじめとする貧困層や弱者の支援者になり得ているのか。真に差別と戦争をなくし、平和と人権を確立する部落解放運動を構築できているのか。ワンパターン化した運動で自己満足していないか。情報弱者である高齢者や多重弱者に十分な情報と教育を持てるように支援できているのか。なぜこれだけの格差社会になっているにもかかわらず、貧困層の願いを十分に政治や社会に反映させることができていないのか。なぜ一部の大衆迎合的な中身のない政治家に多くの貧困層の支持を奪い取られているのか。なぜサイバー部落解放運動が十分に展開できていないのか。これらの疑問に十分な解答を見出すこともできていない。

これまで運動のあり方について多くの紙面で執筆させていただいた。その内容は、運動を取り巻く外部環境の変化と、それらの変化に対応した組織のあり方についてであった。外部環境変化の大きな要因として、人口変動と人工知能が社会に与える影響を本書でも述べてきた。ここでは今日の運動にどのような改革が求められているのかをネット活用の視点も含めて考えていきたい。

▼ＩＴ革命による社会の変化をふまえよ

時代の大きな変化はこれまでの章で述べてきた。その中で日進月歩で進むＩＴ（情報技術）革命にともなう情報化の進展で社会は大きく変貌していることも強調してきた。この数十年間の運動で大きく変わった分野の一つが、限りなく広がりを見せている電子空間上の問題である。ネット上の差別事件はその際たるものである。今や人工知能（ＡＩ）の進化によって、ネット環境を含め社会が大きく変化した。また経済のグローバリゼーションにともなうグローバル化で、世界各地で起こるテロや金融危機が瞬時に全世界に伝わり、株価を含め経済に大きな影響を与えるようになった。そうした情勢によって労働市場も世界規模になり、安価な労働力を求めてサービスや生産拠点の移動が日常的に行われている。

それに拍車をかけているのがＩＴ革命にともなうネット社会である。私も多くの人と同じようにネットで飛行機のチケットを買い、宿泊施設を予約し、日常生活の買い物もネットで行うことが増えてきた。そうしたことを日常的に行っていると、瞬時に同じ製品・サービスであっても最も安価なものがすぐわかる。こうした傾向は日本社会においても一九九〇年代後半から急速に進化している。それが先に述べたＩＴ革命によって、劇的に変化しつつある。

▼部落解放運動は社会の重要な制度的財産

こうした社会的特徴をふまえた上で運動の改革を考えなければならない。先に述べたように「時代を越えて生き残る組織は、強い組織よりも時代に柔軟に適応した組織である」ことを忘れてはならない。

それができなければ運動は衰退し消滅する。それは社会全体にとって大きなマイナスである。運動が成し遂げなければならない課題は山積しており、運動の再編強化が強く求められている。差別問題・人権問題は科学技術や社会の進歩によって、より高度で複雑で重大な問題になっている。とりわけＩＴ革命の進化は、上記のことをより一層深化させている。こうした問題を全国規模で担い、多くの団体・組織の要になれる民間・市民団体は多くない。その重要な一つが部落解放運動である。

部落解放運動は日本社会の極めて重要な社会的財産である。運動がなければ、日本社会の差別撤廃・人権確立運動は大きく変わった可能性すらあった。しかし今日の部落解放運動は時代の変化に十分に対応できていない。

▼改革しなければ影響力は大きく低下する

運動が今後とも差別撤廃・人権確立という重要な社会的責任を担っていくためには、第一にそれを担う人材（「人財」という意味で使用する）の確保と育成である。それも今日の運動に求められている情報化の飛躍的な前進を担えるスキルや知識を持った人材である。あわせて政策立案能力と政治的センスも求められている。私はそうした人材が各府県に数人いるだけで十分だと考えている。多くの人材を集めることは今日の運動状況からして困難である。

各府県で有能な幹部と人材が少人数でもいるだけで、各府県で十分に運動は展開できる。しかしそうした人材がいなくなれば、その地域における運動は消滅する。それは全水創立以来の歴史の中で築き上げてきた信頼もネットワークも消滅することにつながる。コマも軸がなければ回らないように、組織も機軸がなければ動かない。強固な機軸が存在すれば、その周辺に多くのネットワークは構築され、多くの人々も重要なときに結集する。まさに「いざ鎌倉」という状況になる。平時は田畑を耕している人々でも戦時は「武士」になるように、平和と人権確立のために活躍してくれる人々は必要なときに結集する。

▼ネットを駆使して情報戦を優位に

全世界の多くの人権NGOはインターネットを駆使して、多くの情報を収集・分析・発信し、世界のあらゆる機関に多くの影響を与えている。世界の政治的変化の多くにネット情報が関係している。近年においても「アラブの春」といわれる政治的変革、シリアをはじめとする多くの難民問題、頻発するテロなどすべての課題でインターネット上を飛びかう情報が圧倒的な影響を与えている。私たちはこうした時代の変化に十分な対応ができていない。多くの国において戦時も平時も情報が重視されてきたことは自明である。情報操作が戦争の勝敗を左右した事例を挙げるのは難しいことではない。それだけ多くの戦争や政治戦である選挙戦に情報は重要な役割を果たしてきた。そのために二〇世紀以後、多くの国が情報省や宣伝省を作ってきた。それが二一世紀に入った頃から電子空間上で情報爆発ともいえる状況を生み出した。今や各国の軍隊も陸軍・海軍・空軍に匹敵するサイバー統合軍（電子軍）が重要な役割を担う時代に入っている。

例えばアメリカ合衆国はテロとの闘いにおいて、民間企業であるグーグルやフェイスブックなどと協力して、ＩＳ（イスラム国）やテロに参加しようとしている若者をインターネットを駆使して見つけ出し、一度は「過激」思想に傾斜した協力者が、そうした若者を説得して翻意させるという取り組みも始めている。まさに電子戦のようである。それだけではない。今や武力の戦略的位置づけは、全体の二〇～二五％といわれるようになり、敵国の政治的混乱や経済的混乱、そのためのネットを介した情報操作が極めて重要な位置を占めるようになった。

▼運動も差別事件の態様も大きく変わった

日本でも同様である。ネットで呼びかけられた一部の若者が、ヘイトスピーチを行うデモに参加するという現象は日常的なものとなっている。運動も日々差別情報との闘いを繰り広げているといっても過言ではない。私たちも民間企業と協力してインターネット上で差別思想と闘うことはできる。

インターネットの普及によって、運動も差別事件の態様も大きく変わった。これからは人工知能の進化によって、さらに大きく変わる。そうした時代の変化に対応できなければ、運動の影響力は大きく低下する。逆にいえば時代の急激な変化を活用することができれば影響力は拡大する。今、その分水嶺の時である。改革をしなければ間違いなく影響力低下の方向に水は流れていく。すでに分水嶺は間近に迫っている。もし私たちがそれに間に合わず、「部落解放運動」以外の反差別・人権確立を担う大衆団体もなくなれば時代が大きく戦争と差別側に傾く。それは平和や人権を中心的に担う政党や労働組合があっても同様である。市民運動や大衆運動がなければ、第二次世界大戦前のドイツや日本のようになってしまう。

部落解放運動を取り巻く現実は大きく変化しており、これからさらに加速度的に変わる。現実が変われば組織のシステムも変えなければならない。さもなければ部落解放運動という社会の貴重な制度財産（社会的財産）は枯渇してしまう。

4 情報の視点で部落解放運動の再構築を

▼圧倒的影響力をもつ情報

「政治とメディアが連携すれば、どんな文化の国もたちまち暴力の国になる」と第二次世界大戦後に『ナチズム』という著書を記したエルンスト・ブロッホは述べている。情報を操るメディアの力を端的に表現した一節である。

先にＩＴ（情報技術）に長けた「人材」の重要性を指摘したが、それらの「人材」がどのような情報を創造し、吸収・分析・活用・発信していくかも極めて重要である。「人材がすべてを決する」ように情報も圧倒的な力をもつ。部落解放運動も情報の闘いとしての側面を大きくもつ。部落解放運動の目的は部落差別を撤廃することであるが、一朝一夕にそれは実現しない。全国水平社創立以来の取り組みにおいてもいまだ実現していない。

日常の部落解放運動は、第一に具体的に生起する「差別事件」への取り組みである。第二に人々の「差別意識」を是正していく運動である。第三に被差別部落出身者がおかれた「差別実態」の克服であり、第四にこうした取り組みを前進させるための「差別社会」システムの是正と差別撤廃社会システムの創造である。部落差別の現象である「差別事件」「差別意識」「差別実態」を克服する取り組みを通して、「差別社会」を変革する運動ということができる。

▼情報がなければ人権社会も創造できない

これらの取り組みすべてに「情報」が関わっている。例えば「部落地名総鑑」差別事件は全国の被差別部落の所在地という「情報」を一覧表にしてまとめたものであり、それらの差別「情報」やそれらを作製・販売した人々やそれらを許してきた社会システムとの闘いであった。その他の電子空間上を流れる「情報」による差別事件等も同様である。

また差別意識が流布されるのは差別「情報」そのものであり、それらの差別意識を是正する教育も差別意識をなくすための正しい「情報」をどのように広めていくのかという課題である。

さらに差別実態を克服する取り組みも、被差別部落実態の正確な「情報」を把握し、把握した「情報」を社会や行政機関に伝えることによって、差別実態を克服する制度や施策を創造していくものであった。

以上の取り組みの集約的な課題としての差別社会システムの是正や差別撤廃社会システムの創造の前提も「情報」である。立法事実という法律の必要性を示す社会的・経済的事実という「情報」がなければ、人権にかかる法律もできない。それだけではない。人権社会システムを創造していくためには、民主主義の社会において多数の同意を得なければならない。そのためには情報戦において優位に立たなければ実現できない。

▼大衆は情報操作に極めて弱い

厳正に歴史を概観すれば、必ずしも多くの人々の人権を実現する先進的な政治勢力が勝利しているとは限らない。第三帝国といわれたナチス・ドイツ時代は、ドイツ内外の多くの人々を未曾有の不幸に追いやった。そうした社会状況をドイツにおいて作り出した大きな要因は、ナチス・ドイツの情報戦略にあった。邪悪で誤った方向であったとしても、多くの大衆は情報操作に極めて弱い。

ナチス・ドイツ時代のドイツ国民だけが情報に脆弱《ぜいじゃく》なわけではない。同じような情報戦略・戦術を駆使するような政党や政治家が登場してくれば同じようなことはどの国でも起こり得る。ナチスはラジオ、映画、新聞などあらゆる媒体を活用して情報操作を展開した。

多くのドイツ国民は、その巧みな宣伝に載せられナチスを支持した。詳述すれば多くの読者にその巧みさが理解されると思うが、多くの書籍で述べられているのでそれらを参照願いたい。ただ彼らから学ぶことがあるとすれば、情報化社会といわれる以前から情報を重視し、党宣伝部の中に政策課、放送課、連絡課、文化課、映画課、報道課等をおいて情報戦を重視していたことである。

▼情報戦で圧倒的に劣勢な部落解放運動

今日の日本においても、先に紹介したエルンスト・ブロッホの言葉のように、メディア戦略が政治に圧倒的な影響力をもっている。ＳＮＳ等も含めメディアをうまく操ることが政治家の生命線につながっているといっても過言ではない。政治の手段と目的が逆転しているのではないかと疑うような政治家も存在する。一人区の選挙区に二人の候補者がいて、政策も人柄も能力も基盤もほとんど違いがなかった場合、メディアの注目度を大きくした候補者が確実に勝利する。

以上のように「情報」がすべてを決するといっても過言ではない状況が、情報化社会の進捗の中でますます深化している。部落解放運動は、差別撤廃や人権確立という正しい目的を実現するために、これらの情報戦に持てるパワーを十分に発揮できているだろうか。否と言わざるを得ない。ネットを駆使して日夜進化している組織やグループ等からみれば圧倒的に劣勢である。今一度、情報戦という視点で部落解放運動を再構築するときだといえる。

▼情報の分析・発信を自動的に行う人工知能

現在はナチス・ドイツ時代と違って、情報化社会が大きく進化している。当時は普及していなかったテレビが存在し、まったくなかったインターネットが全世界に普及し、スマートフォンや携帯電話をほとんどの人々が持っている。瞬時に地震情報が個々人に行き渡り、その他あらゆる情報が多くの人々に届く。それらにプラスして情報の吸収・分析・発信を自動的に行う人工知能も注目を集める時代になっている。

日常的にもネット上でアマゾンや楽天を通じて書籍を買えば、買った人が買いたいと思うようなメール広告が次から次へと届く。今や個人がどのような情報を求めているのかを察知して、それらの情報を個人に送付することができる時代である。そうしたことを通して、個人の考え方や価値観、物事の選択に大きな影響を与えることができる時代である。これまでのマスメディアを活用して大衆を動かす時代から、個々人が求める情報を駆使して、個々人に影響を与える時代になっているといえる。そうした時代の選挙戦や政治はどのようになっていくのだろうか。またそうした時代の部落解放運動や人権教育・啓発はどのようになっていくのかといった考察が重要である。こうした状況を活用することが部落解放運動に求められている。このように「マス」メディアと「プライベート」マスメディアあるいは「マイクロ」マスメディアともいうべき情報媒体が交差しながら多くの人々の意識や価値観に影響を与える時代になってきている。

▼「情報は力なり」という視点を

こうしたメディア状況の特徴をふまえ、情報発進力をいかに強めるかは、今日の部落解放運動の最重要課題といえる。それは情報発進力だけの問題ではない。差別事件や差別意識、差別実態の改善に取り組むときにも情報は極めて重要だということである。イングランドの哲学者フランシス・ベーコンは「知は力なり」と述べたが、知は「情報」であり、「情報は力なり」ということを忘れてはならない。私も多くの差別事件や差別意識の問題に取り組むとき、多くの法律や制度、システム、理論等を活用してきた。あのときあの情報がなければ成功しなかったと思えることも多く経験してきた。それは差別実態を改善するときも同様であった。多くの被差別部落出身者をはじめとする社会的弱者の問題を解決するときも、人権まちづくりのときも多くの知識と情報を駆使して解決できた。それらの情報を吸収・分析・活用することも、これからの部落解放運動ではきわめて重要である。

一方、情報を重視すべきと指摘しているもう一つの視点は、情報は極めて有用な財産だからであり、物事の勝敗を決する最大の手段だからである。各国の陸軍、海軍、空軍に次ぐ「サイバー統合軍」やそのエージェント（代理人）は、各国の機密情報をインターネットを駆使して違法な情報収集を日夜展開している。重要な機密情報を盗み出された場合、圧倒的に不利な立場に立たされることも稀《まれ》ではない。一つの情報が何千億円や何兆円の価値に匹敵することもある。企業から重要な機密情報が流失すれば企業の損害は計り知れない。例えばジェット旅客機や戦闘機は極めて高額である。それは設計費が高額であることによる。もしそれら設計図の情報が盗み取られた場合、その損害額は計り知れず、企業が倒産することもあり得る。しかし国家権力のような国際権力が存在しない下では法的解決も十分にできない。国家や企業も以上の点をふまえた上で、情報セキュリティに多くの資金と人材を振り向けているが、部落解放運動も他人事ではない。

▼情報の五W一Hを十分に精査を

先に「情報は力なり」と述べたが、「情報流失はマイナスの力なり」ということであり、情報を軽視するものはパワーも削《そ》がれてしまうということを忘れてはならない。

情報を守り、吸収、分析、活用、発信していくためには、情報の五W一Hを十分に精査して駆使する必要がある。どのような内容の情報を、どのような機関（個人）がどのような機関（個人）に、どのようなタイミングで、どのようなところから、どのような方法でということを目的を見据えて展開する必要がある。

そのためにも政策三要素の「人」「財」「情報」の重要性と関連性を十分にふまえる必要がある。情報を駆使すれば、十分な人や財がなくても人や財は集まる。また情熱をもった有能な

「人」がおれば、十分な財や情報がなくても財と情報を集めることができる。さらに「財」があれば、十分な人や情報がなくても人や情報を集めることは可能である。

ただしこの三つの中で最も重要なのは「人」であることを忘れてはならない。

今、この情報のあり方がＡＩをはじめとするＩＴ革命の進化によって、基盤的に変化してきているのである。それらの変化に対応した部落解放運動の再構築が求められているのである。

第五章 差別撤廃のために社会システムの創造を

1 実態調査の実施と原因究明・方針立案を

▼部落差別実態の正確な把握を

サイバー部落解放運動と情報の重要性について述べてきたが、被差別部落が抱える生活、教育、就労、産業などの実態把握とその原因究明及び解決手法を立案することも部落解放運動の重要な課題である。

多くの差別事件の背景には、差別意識やそれらの意識を支えている社会システムが存在している。差別意識が表出することによって差別事件が発生することは自明である。これら差別意識と差別社会システムも、社会システムが土台となって相互に影響を与えながら常に変化してきた。これらの差別事件や差別意識の現状を正確に捉えることは言うまでもないが、今日的な部落差別実態を正確に把握することも極めて重要なことである。

部落差別は差別事件、差別意識、差別実態などとして現れる。差別実態として考えられている生活水準等の低位な実態が、部落差別が原因なのか、その他の社会的要因が原因なのかによって、その解決手法も異なってくる。

あえて指摘するなら、両方の要因が渾然一体となって差別実態を生み出しているといえる。しかしその詳細な検討は十分に行われていない。今日のような格差拡大社会の中で貧困にあえぐ多くの人々が存在し、「下流老人」や「貧困女子」等の言葉が登場し、子どもの貧困率の高さも指摘される時代になっている。

▼なぜ社会的矛盾が集中するのかの解明を

被差別部落には、かつてから「下流老人」や「貧困女子」はたくさんいた。そうした人々が被差別部落以外の社会全体に増加してきた。これまで社会的矛盾が集中的に現れるのが被差別部落であったが、被差別部落以外の一定の階層にも社会的矛盾が集中するようになった。

こうした社会的状況の中で、被差別部落の低位性が、部落差別が原因なのか、その他の社会的要因が原因なのかの分析が具体的課題として浮上しているのである。それは解決手法に大きな影響を与えるからである。

二〇〇二年の特別法失効までの部落差別撤廃行政（同和行政）は特別対策を中心として行われてきた。現在では原則として一般施策を活用して差別撤廃行政が展開されている。現代は半世紀前と比較して格差が拡大している社会状況である。こうした状況の中で、部落差別実態を改善するのに十分な成果を上げることができていない。だからこそ今一度下記に提案しているように正確な実態把握が求められているのである。

▼格差拡大社会という社会情勢の下で

二〇一五年、同和対策審議会答申五〇年を迎えた。「同対審」答申は綿密な調査と慎重な審議によってまとめられた歴史的文書である。その答申が今も部落差別撤廃行政の基底を成していることを忘れてはならない。「同対審」答申が出された頃と今日では社会も部落差別の実態も大きく変化した。当時は高度経済成長の時代であり、税収も大きく伸び、人口も大きく増加し、団塊の世代といわれる人々が生産年齢人口（一五歳〜六四歳）に入っていく時代で社会に大きな活力があった。経済も人口ボーナスを大きく享受できる時代であり、格差拡大社会ではなかった。親の学歴に規制されない子どもの学歴であり、親の経済力や生活水準に縛られない子どもたちが増加した、まさに社会の開放度が拡大した時代でもあった。

しかし被差別部落の実態は一見しただけでその低位性がわかるほど劣悪な状態であり、生活、就労、教育の格差は歴然としていた。議論の余地なく部落差別が原因で劣悪な生活を強いられているとの共通認識の下、同和対策審議会も答申をまとめた。

一方、今日の日本社会は、国や地方自治体が多くの借金を抱え、生産年齢人口をはじめ人口減少の時代を迎えている。団塊世代も全員が七〇歳を超え、高齢者人口の仲間入りをし、経済も高度経済成長の時代とは大きく異なっている。少子高齢化の中で認知症患者の増加をはじめ多くの社会的課題も山積している。さらに格差拡大社会が深化しており、五〇年前と比較して日本社会は大きく変化した。

▼「同対審」答申を越える運動版「答申」を

また部落差別の実態も一見しただけでその低位性がわかる時代ではなくなった。しかし差別事件は続発し、差別意識の克服も十分ではなく、実態も教育や就労をはじめ多くの課題が残されている。

以上のような状況をふまえた上で、「同対審」答申を越える今日的な運動版「同対審」答申が必要であると考えている。そのためにも正確な被差別部落の実態把握が必要であり、差別事件や差別意識の実情を厳正に把握しなければならない。

部落解放運動の基盤は地域である。その地域からの運動を再構築するためには、地域の実態がどのようなものになっているのかということを正確に把握する必要がある。それらをふまえて実態白書や要求白書、提案白書がそれぞれの地域や市町村に提出され、部落解放運動や行政機関に何が求められているのかということを明確にしなければならない。そのためにも全国的な実態調査の実施が求められているといえる。実態調査の実施も部落解放運動の大きな課題である。

その上でそれらの今日的な差別実態の原因を科学的に究明し、解決手法や方針を構築する必要がある。それができなければ部落解放運動の次なる目標（戦略）を十分に提示することができない。目標が明確でなければ運動は漂流してしまい、その目標を実現するためにどのような組織形態が求められ、その構成員が活躍できるシステムも明確にならない。それらが明確にならなければ、目標実現のための人材も技術も運動スタイルや価値観も鮮明にならない。調査・分析なくして説得力ある要求や提案ができないことを肝に銘じる必要がある。

名医といわれる医師は手術がうまいだけではない。病気の治療方針を示す大前提である診断が正確なのである。患部を中心とした身体の内部の「実態」を正確に把握しているからこそ正確な診断ができ、完璧な手術をこなせるのである。部落解放運動は社会の差別をなくす「名医」にならなければ初期の目標である部落差別撤廃を実現することはできない。繰り返しになるが、そのためにも正確な診断（実態把握）と原因分析及び治療方針（運動方針）が求められているのである。

▼差別思想が活性化しない社会の構築を

ところで近年、部落差別を甘く捉えているのではないかと感じざるを得ない場面に出くわすことがよくある。私はよく身体に例えて説明しているが、人間の身体には多くの細菌が潜んでいる。その細菌を「差別菌」と見なせば、それを無菌状態にすることは不可能である。しかし菌が存在していても発現・活性化しない身体（社会）を作れば問題はない。多くの人々は成長過程でいろいろな思想に触れる。その中には差別思想も存在する。それらの思想に染まっても、それらの考え方が表出したり活性化することがないような社会システムが整備されておれば、社会に悪影響を与えることはほとんどない。そうした社会を構築できるか否かにかかっている。しかしそうした社会を構築することは簡単なことではない。ナチス時代を総括した有名な言葉に「自由の敵に自由を与えることで自由が奪われてしまった」というのがある。私が高校生のときに世界史の先生から学んだ一節である。今日のヘイトスピーチの報道に触れるたびに思い起こす言葉である。

以上の言葉に代表されるように、ナチス時代を思い起こせば眠っていた「差別菌」が、爆発的に活性化したことは簡単に理解できる。一九二〇年代後半から三〇年代にかけて台頭してきたナチスは、一貫してユダヤ人差別を扇動していた。現在のヘイトスピーチと同様である。しかし当時のドイツ国内に住むユダヤ人も同じドイツ国民として、多くのその他のドイツ国民の隣人として仲良く生活していた。それが三〇年代に入りナチスが政権を奪取するとユダヤ人大量虐殺まで行き着くのである。

このように民主社会（身体）が弱体化したり悪化したりするとほとんど発現していなかった差別（菌）が一挙に社会（身体）を壊していく。現代のような格差拡大社会の中で不満が増大している社会は、そうしたエネルギーが蓄積している社会といえる。今日のヘイトスピーチのように堂々と差別扇動を行いながら街を練り歩くことを四半世紀前に想像できる人は極めて少なかっただろう。しかし今はそれが堂々と行われている。そうしたことを許してしまうような社会的雰囲気が醸成されているのである。今日の日本の一部政治家や米国のトランプ大統領のような人々が支持をされる時代であることに十分に留意する必要がある。

▼歴史から学ぶことを忘れてはならない

以上のような認識と情勢をふまえ、全国水平社創立一〇〇年を展望する必要がある。再度整理しておくと、今日的な全国規模での実態調査の実施とその結果をふまえた科学的な原因究明と解決手法や克服方針の立案であり、部落解放運動の次なる目標（戦略）を明確にすることである。その上で目標を実現するための運動組織形態や求められる人材、技術、スタイル、価値観を提示することである。現在の部落解放運動を担っている運動組織は法的には任意団体であり法人ではない。しかし部落解放運動の周辺には、先に述べたように多くの法人等が部落差別撤廃のために大きな役割を担っている。

上記のように差別を甘く見てはいけないだけでなく、組織の存続も甘く見てはいけないことを付記しておきたい。全国水平社も大正デモクラシーといわれた一九二二年三月に創立して、軍国主義が深化した一九四二年一月には法的に自然消滅している。全水の活動は二〇年間しかなかった。それらの歴史から学ぶことを忘れてはならない。

2 社会を動かすキーワードを考えてみよう

▼キーワードの相関関係を理解しよう

すでに述べた電子空間上の差別事件を克服するためにも社会システムは極めて重要な役割を担う。その社会システムを中心として今日の社会のキーワードを理解することも今後の部落解放運動再構築にとって重要なテーマである。部落解放運動は差別・被差別の関係を平等な関係に変革する社会システム改革運動でもある。そうした面をふまえた上で今日の社会のキーワードの連関を考えていきたい。

「社会システム」と「人と人との関係」、人権や差別基準を含む「社会的基準」、人々の「意識・感覚」はリンク（関連）している。

ここでは**システム**、**関係**、**意識・感覚**、**基準**というキーワードにプラスして、社会がどのようなパワーを含んだキーワードによって、変化しているのかを人権確立・差別撤廃の視点で述べていきたい。

まず社会システムの代表は憲法や法律という**法的規範**である。これら法的規範に大きな影響を与えるのが先に示した多くの人々の意識・感覚である。これらの意識・感覚は民主主義の基盤である選挙結果にも影響を及ぼし**政治**を左右する。また政治は国会における立法活動を通じて、法的規範を成立させていく。そして意識・感覚だけではなく、国や地方公共団体の**財政**方針も決める。

▼フェイクニュースが及ぼす政治への影響

さらにそれらの財政（お金）は、意識・感覚にも大きな関係がある**情報**や**教育**に少なからず影響を与える。財政や情報を駆使すれば、多くの市民の**投票行動**をも変えることができ、政治にかなりの影響力を行使することができる。

また財政があれば**フェイク**（**虚偽**）**ニュース**を作成し、拡散することもできる。それらのフェイクニュースが多くの人々の意識・感覚にも多大な悪影響を及ぼす。その顕著な事例が二〇一六年のアメリカ大統領選挙であった。このときの情報の多くは、テレビやラジオ、新聞といった既存**メディア**だけではなく、**SNS**を駆使した**ネット**上のものであった。

今や**インターネット**は、社会の最重要インフラといえる。それらを駆使した**情報操作**が政治そのものを変えようとしている。歴史的にも活版印刷術の発明が情報環境を大きく変え、宗教改革をはじめ社会を大きく変革させた。それが今日ではIT（情報技術）革命として社会を恐るべきスピードで変えつつある。それは政治だけではなく、戦争のあり方や産業構造、人々の意識をも変えようとしている。

▼電子空間が飛躍的に拡大している

戦争では現実空間の戦い以上に電子空間のサイバー攻撃が、日々増加している。産業面ではグーグルやフェイスブック、ツイッターといわれるIT革命を駆使したプラットフォーム型事業者が急速に巨大化している。グーグルは、一九九八年の創業から一六年後の二〇一四年には株式時価総額が約四三兆円にもなった。同年、日本最大の株式時価総額を誇るトヨタ自動車でも、その六割弱の約二四兆円であった。

政治の世界でも、ネット上の情報を駆使して選挙戦を展開したほうが、勝利の確立が高くなることが明らかになりつつある。お金もコインチェック事件があったものの、電子空間上の仮想通貨が拡大しようとしている。

こうした電子空間上の動きが情報のあり方そのものを変えようとしている。その顕著な事例がフェイクニュースの飛躍的な増加である。既存メディアには、メディア企業内部のチェック体制が不十分とはいえ存在していた。しかしSNSを飛び交う情報にはチェック体制が存在していない。まさに個人や一定の目的を持ったグループが、マスメディア的性格を持ち、チェックのないままフェイクニュースを垂れ流している。

▼ファクトチェックができていない

要するにフェイクニュースを検証する**ファクト**（**事実**）チェックがほとんどできていない。こうした情報は**メディアリテラシー**や**情報リテラシー**教育を受けていない多くの人々に重大な悪影響を及ぼし、情報ウィルスに感染するかのごとく蔓延している。それは政治を危険な方向に導き、破滅的な世論動向を生み出し、**民主主義**を破壊する世論と社会システムを生み出している。そして社会的政治的なパワーの源である**暴力**（軍事覇権）・**財力**（経済覇権）・**知力**（技術覇権）のあり方を変え、政策のベースといわれる**財**・**人**・**情報**の関係性をも変えようとしている。

先に紹介したグーグルの創業資金は、約一〇〇〇万円であったにもかかわらず、なぜ短期間の間に巨額の株式時価総額をたたき出すまでに成長したのだろうか。彼らには巨額の創業資金があったわけではない。彼らにあったのは、**情報を駆使する能力**である。つまり経済資本や金融資本ではなく、情報を駆使してお金を稼ぎ出す能力（資本）があったのであり、それを可能にした情報環境の変化があったのである。換言すれば**「情報資本主義」**や**「デジタル資本主義」**とでも呼ぶことができるIT革命による社会の変化である。

▼IT革命の進化を差別撤廃に活用せよ

こうした社会の変化をふまえれば、ネット上の情報をはじめとするあらゆる情報を駆使して**差別撤廃**や**人権確立**の取り組みを飛躍的に前進させることも夢ではない。今、差別拡散のためにネットを駆使しているグループが存在している。私たちにも差別を撤廃するために現在の**情報環境**を駆使することが求められている。それができれば、差別撤廃や人権確立をとりまく情報環境を大きく変えることができる。ただしそれには**情報資本**を持ち、それを確実に使いこなせる力量が必要であることはいうまでもない。

一方、法的規範や社会的規範としての社会システムを変える原動力は立法事実や現実である。立法事実とは、法律の必要性や改正の必要性を根拠づける社会的経済的事実である。この現実を多くの人々に伝えるのも各種メディアである。そこに**フェイク**が介在すると、誤った法的規範や社会的規範が構築されてしまう。だからこそフェイクニュースを見抜く能力が求められれているのである。

社会が危険な方向に進むときのはじまりは、多くの場合フェイク情報からである。しかしフェイクニュースは、多くの人々が騙されてしまうような心理学的装いをまとっていることが多い。要するに正確な情報をいかに伝えるかが最重要課題であるとともに**情報リテラシー**能力が強く求められているのである。

▼資本主義のあり方をも変えようとしている

そしてこの情報は、先に紹介したように資本主義のあり方をも変えようとしている。世界で最も大きなタクシー業者は、タクシーという資本やそのタクシーを駐車させる駐車場という不動産資本を所有しないウーバー・テクノロジーズである。彼らは登録しているマイカーとそのマイカーをタクシーとして利用したい乗客の情報を所有し、**マッチング**させているだけである。こうしたことが可能になったのは、ＩＴ革命の進化によるところが極めて大きい。極端な言い方をすれば、情報が人々の意識を変え、社会規範を変えるだけではなく、**産業**や**ビジネス**のあり方まで変えようとしているのである。これらの技術にプラスして仮想通貨を支えている**ブロックチェーン技術**は、社会のあり方を根底から変えていく可能性を持っている。

まさに**人間の本質**ともいえる**理性**と**類的存在**と**労働**のあり方に、かつてないほどの大きな影響を与えようとしている。いうまでもなく理性とは人間の**精神的側面**であり、類的存在とは**政治的側面**である。政治は社会的集団の中の富の分配と役割分担を担っている。労働は人間の**経済的側面**である。これら意識的・政治的・経済的側面を上記に示したように、ＩＴ革命の進化は、大きく変えようとしている。

▼ビッグデータが現実分析を変える

さらに今日の現実には、現実空間だけでなく、電子空間内の状況も大きな影響を与えている。また**ビッグデータ**と呼ばれる膨大なデータが、多くの**センサー**によって集積され、それらが**ＡＩ（人工知能）**によって分析されることを通して、現実を分析する手法も大きく変わろうとしている。医療や医学に関わるデータや論文が、ビッグデータとしてＡＩに解析されることで、画期的ながん診断システムが作り出されようとしている。それは他の分野でも同様である。それらが**医療**だけでなく**労働**、**教育**、**生活**、**産業**、**政治**等に重大な影響を及ぼしはじめている。

人権分野においても、医療カルテがビッグデータとしての役割を果たしているように人権相談カルテや電子空間上の膨大な人権侵害事例がビッグデータとして、**差別事件**や**差別意識**、**差別実態**の新たな変化を見つけ出し、**差別撤廃教育**のあり方や差別事件への対応、差別実態への取り組み方をさらに進んだものに進化させるかもしれない。それらは**部落解放運動**や**人権確立運動**のあり方をも大きく変える可能性をもつ。

▼人権実現のためにIT革命の成果を活かせ

逆に**差別扇動**や**人権侵害**のあり方もさらに悪化する可能性をもつ。例えば約五〇年前の一九六八年に発生した三億円事件は、白バイを偽装して犯行を企てた劇場型犯罪といわれ、戦後最大の被害額として連日連夜、メディアで報道された。五〇年後の二〇一八年にはコインチェックから約五八〇億円の仮想通貨がハッキングによって盗まれるという事件が起こっている。この犯人は劇場型とは正反対である。おそらくコンピュータに向かってキーボードを叩いただけだと考えられる。しかしいくら貨幣価値が異なるとはいえ桁違いの金額である。

この事例に代表されるようにIT革命の成果が、**魔法のIT**になるか、**悪魔のIT**になるかは、これからの私たちの取り組みに関わっている。

上記に示した**キーワード**を駆使して、プラットフォーム型企業が飛躍的に成長したように差別撤廃・人権確立分野の飛躍的な前進を成し遂げることが強く求められているのである。かつて第二次世界大戦中の英国首相であったウィンストン・チャーチルは「時代に必要な人材は、あらゆる壁を突破して現れる」と説いたが、人権分野ではいまだ十分な人的体制は整っていない。これらの人材をどのように養成するのかも今後の部落解放運動の重要課題である。上記のキーワードを駆使した部落解放運動の再構築が求められている。

3 差別・被差別の関係性を変革する社会システムを

▼社会システムと社会意識・関係・基準

これからの部落解放運動は社会システムを変革するという視点をさらに重視しなければならない。

「人」と「人」との「関係」を「差別・被差別の関係」から「平等な関係」に切り替えることができれば差別はなくなる。差別撤廃の重要な一側面である。これらの「関係」に密接に関わっているのが、あらゆる分野、あらゆる層の社会システムである。社会のシステムが変われば人と人との関係は確実に変わる。

ここで述べている「関係」とは人と人との関係ではあるが、狭い意味で捉えられる人間関係のことではない。もっと広い意味での関係であり、社会関係的なものである。社会関係が変化すれば個々の人間関係も変化する。そうした意味からいえば社会システムは個々の人間関係に影響を与えるのは自明のことである。

例えば「男女雇用機会均等法」が、一九八六年四月一日に施行されたことによって、職場における男性と女性の関係は少しずつ変化してきた。その後の「改正男女雇用機会均等法」（一九九九年四月一日施行）や「新改正男女雇用機会均等法」（二〇〇七年四月一日施行）によって、男性と女性、女性と事業主の関係は大きく変わってきた。男女平等教育を行ってもなかなか変わらなかった男性や女性の意識、事業主の意識が着実に変化してきた。多くの男性（時には女性）が日常的に行ってきたセクシュアルハラスメントが、「改正男女雇用機会均等法」というシステムが成立してから大きく改善された。こうした現実はＬＧＢＴＱの問題にも好影響を与えた。

まさに「均等法」という社会システムが人と人、男性と女性の「関係」を変えつつある。賃金や雇用形態をふまえれば、「平等な関係」という状態にはほど遠いが、「差別・被差別の関係」を少しずつではあるが変えようとしている。

▼後遺障害別等級表を事例に考える

この社会システムは、「関係」を変えるだけではない。上記の「均等法」で示したように人々の意識や感覚にも大きな影響を与える。

私たちは差別意識や人権感覚について論じるとき、差別意識を是正し人権感覚を醸成するためには、同和教育や人権教育が重要な役割を果たすと強調してきた。それは間違いのない事実である。しかしそれだけでは十分ではない。ある面では差別意識を是正するときに同和教育や人権教育以上に重要な役割を果たすのが社会システムなのである。

例えば労働災害や交通事故の後遺障害に関わる「障害等級表」を事例にして考察してみればよく理解できる。交通事故による後遺障害か労働災害によるものかによって、根拠となる法律は自動車損害賠償保障法や労働者災害補償保険法など異なるが、ベースは同様である。一級から一四級まで存在する等級の七級には、「女子の外貌に著しい醜状を残すもの」があり、女子を男子に置き換えた「男子の外貌に著しい醜状を残すもの」は、二〇一一年のはじめまでは一二級という等級であった。この七級と一二級の違いは、交通事故による後遺障害であれば、労働能力の喪失率が五六%と一四%という大きな違いになった。こうした違いが補償金額や給付金額に格段の違いを生じさせた。労働災害による給付金の場合、一二級が年間賃金の半分弱である一五六日分を「一時金」で受け取るだけであったが、七級は一三一日分を「年金」として受給できた。大きな違いである。

▼意識が金額を決める「基準」として作用

つまりこのように「女子の外貌」を重くみなし、「男子の外貌」を軽くみなす等級表が存在したことによって、多くの人々の意識の中にこれまでからあった「女は外見で男は実力」などといった意識を存続させることにつながってきた。

逆に言えばそうした意識があるからこそ、上記のような「等級表」が制定され存続してきた。まさに「等級表」といった社会システムが、私たちの「意識・感覚」と密接に関連し、金額を決める「基準」として作用してきたのである。

この「等級表」も二〇一一年二月に改正された。その大きな根拠になったのが、二〇一〇年五月二七日の京都地方裁判所の判決である。顔などに大やけどを負い大きな傷跡が残った京都府内の男性（三五歳）の労働災害の補償で、女性よりも男性が低い「障害等級」とする国の基準は法の下の平等を定めた憲法一四条に違反するとして、男性が障害等級に基づく等級の認定取り消しを国に求めた訴訟である。

判決は、国勢調査を基に「女性のほうが接客する職種に多く就いており、顔などの障害で受ける制約も大きい」とした国側の主張について、「不特定多数の人と接するのは、法務従事者、理容師なども あり、男女差の明確な根拠とならない」と退け、「男性も障害を受ければ大きな精神的苦痛を感じることがある。性別による差別的取り扱いに合理的理由はなく、違憲」として認定取り消しを命じた。

これまでなら地裁の判断で、国側の主張が通らなければ控訴するのが通常であったが、国側は控訴せず、京都地裁判決を受け入れ、「障害等級表」を改正することにしたのである。賢明な判断である。

▼「障害等級表」の基準やシステムが変化

国がそうした決断をした背景には、男女の外貌に対する意識・感覚が変化したことが挙げられる。つまり意識・感覚が変化したことによって、裁判システムを通じて「障害等級表」の基準やシステムが変わったのである。

ただ判決は、「社会通念上は、容貌の障害による影響に男女差があるとされ、等級の男女差に根拠がないとはいえない」としつつ、「障害等級表では年齢や職種、利き腕などは障害の程度を決定する要素となっていないのに、性別だけで大きな差を設けるのは不合理で、憲法一四条に違反する」と述べたのである。判決も「社会通念上」「等級の男女差に根拠がないとはいえない」と述べており、今日においても「社会通念上」つまり意識・感覚に男女差があることを認めているのである。

それでも上記のような判決による基準やシステムの変更があれば、私たちの男女差別意識に積極的な影響を与えることは言うまでもない。

つまり、先述したように「社会システム」と「関係」、「意識・感覚」、「基準」はすべてつながっており、この四つのキーワードの一つが前進すれば、一つのロープで結ばれたもののように全体が前に進むのである。「基準」が改善されれば「意識・感覚」が改善され、「関係」も変わり、逆に「意識・感覚」が改善されれば「基準」や「社会システム」、「関係」も大きく前進するのである。

▼意識とシステムが関連していることをふまえ

しかし、これらのキーワードが、一つのロープのように結ばれていることによって、差別撤廃にマイナスに働くことにもなってきた。

その近年の事例が土地差別調査事件である。この事件は、マンション等の不動産販売会社や広告代理店、土地のマーケティングリサーチをする土地調査会社、実際に建設するデベロッパーが絡んだ事件である。マンション等の建設・販売を企画する不動産販売会社や広告代理店が、マンション建設予定地を選定するにあたって、候補地を土地のマーケティングリサーチにかけ、その調査報告書に事実上「同和地区」を明示し、それらの土地を候補地から差別的に外してきた事件である。

それらの背景には、マンション購入予定者であるエンドユーザーの同和地区や同和地区を校区に含む地域には住みたくないといった差別意識や、その意識を前提とした忌避意識が存在していたからである。これらの差別「意識・感覚」が土地差別調査事件の背景を形成している。これらの「意識・感覚」が、マンション等をスムーズに売却し利益を上げたいと願う不動産販売会社や広告代理店に、マンション建設候補地から同和地区やその校区を避けさせてきたのである。

要するにエンドユーザー（マンション等の買い手など）の差別的な「意識・感覚」が、関係業界において土地差別調査を業務の「システム」として位置づけさせてきたのである。こうした動きを見るならば、先に紹介したこととは逆に、遅れた差別「意識・感覚」が、差別を強化する業務「システム」の構築につながってきたことがわかる。そして、それらの差別撤廃にとって、マイナスになる業務「システム」が、「意識・感覚」に悪影響を与え、差別・被差別の「関係」を解体するのではなく、固定化する役割を担ってきたのである。

このように四つのキーワードが、強く連関していることによって、キーワードの一つが後退的に作用すれば、全体が引きずられて後退していくことになり、差別撤廃がスムーズに前進しない一つの要因にもなってきた。差別撤廃の取り組みが一進一退を繰り返す大きな要因は、以上述べたことと密接に関わっている。こうした四つのキーワードが密接に関連していることをふまえた差別撤廃・人権確立政策と部落解放運動の再構築が強く求められている。

第六章　部落差別解消推進法の具体化

1　部落差別解消推進法の活用を

▼推進法を具体化する取り組みの強化を

部落解放運動の再構築にとっての最も重要な課題は、言うまでもなく「部落差別解消推進法」(以下「推進法」という)の具体化である。とりわけ国及び地方公共団体の取り組みの遅れを早急に取り戻す必要がある。推進法は部落差別撤廃のために十分な法律ではない。しかし推進法は部落差別撤廃にとって極めて重要な法律である。すでに他の拙著でも活用の重要性とその具体化について論じてきた。ここでは施行から二年以上の年月が経過したことをふまえて、推進法の具体化の重要性について述べておきたい。

社会のシステムや規範と私たちの「差別意識」や「人権感覚」及び「差別基準」は一体であり、社会システムと人と人との「関係」も一体であることはすでに前章で述べた。人と人との関係を「差別・被差別」の関係から「平等」な関係に変革することが差別撤廃の一側面である。その人と人との関係を変革するのに大きな役割を担っているのが、社会システムや社会的規範としての法制度である。その法制度が不十分ながら部落差別撤廃の分野で制定された。その意義は私たちが認識する以上に大きい。

▼知られない法律は錆び付いてしまう

人々の差別意識や人権感覚に積極的な影響を与えるのは、同和教育や人権教育・啓発である。またそれ以上に大きな影響を与えるのも、関係を変革するときと同じように社会システムや社会的規範としての法である。それでも部落差別撤廃の分野で推進法が公布・施行されたことを多くの人々が知らなければ、積極的な影響を与えることはできない。つまり宝の持ち腐れになってしまう。種々のシステムや制度、道具も活用されなければ、社会や人々の役に立たない。今日、推進法が十分に活用されているとはいいがたい。

後に詳述するが、上記のことを「男女雇用機会均等法」（以下「均等法」という）を事例に考えればより一層理解できる。均等法という社会システムは、一九八六年四月一日に施行された。そのシステムができたことによって、前章で述べたように職場における男性と女性、女性と事業主の関係は徐々に変わってきた。同時に、男女差別に対する意識・感覚も大きく変わった。また変わったシステムによって、男女差別の基準も徐々に変化してきた。さらに進化した基準によって、多くの男性や女性の意識・感覚も変化した。

改善された意識・感覚は、それまでの均等法システムでは不十分だという認識を深め、改正均等法を成立させる大きなパワーになった。事業主のセクシュアルハラスメントを防止するための配慮義務も改正時に加えられた。そうしたシステムが新たに加えられたことによって、職場における男性と女性の関係、女性と事業主の関係も大きく変化した。そして、それらのシステムが成立したことによって、男女差別に対する意識・感覚はさらに変わり、基準も変化した。変わった基準がさらに意識・感覚をよりよい方向に変化させ、それらが大きなパワーになって、新改正均等法が二〇〇七年四月一日に施行された。そして「間接差別」も女性差別という基準に進化することになった。男女で差別を明示していなくても、その基準によって女性が不利になるという場合は、分野によって間接差別だと規定されることになった。こうした最初の均等法からの改正経過をみれば、推進法というシステムができたことによって、部落差別撤廃を大きく前進させることができるといえる。

▼活用しなければ推進法の不十分さもわからない

しかしそのためには均等法施行以降の取り組みのような力強い法具体化のための実践と国や地方公共団体等における明確な担当組織の設置が求められる。全国各地や国レベルの現状はそうした状況とは大きくかけ離れている。こうした現状を厳正に分析し、推進法具体化のための取り組みが強く求められていることを忘れてはならない。法が施行されれば自動的に法が実現されるわけではない。それは日本国憲法も同様である。だからこそ憲法第一二条に「この憲法が国民に保障する自由及び権利は、国民の不断の努力によつて、これを保持しなければならない」と明記したのである。

推進法の条文の中には、均等法のようによりよい法改正につなげていくことができる萌芽がある。その芽をいかに成長させるかが問われているのである。推進法にある条文が確実に具体化されれば、その芽は確実に成長し、推進法の不十分さが克服され、均等法のように改正推進法につながっていくといえる。そのためにも推進法の正確な理解と具体化のための詳細な方針が求められている。料理のときに包丁を使わなければよく切れる包丁かどうかもわからないように、推進法を活用しなければ推進法の不十分さも見えてこない。

▼第一条には目的、手段、現状、課題が明記

この推進法には改正につながる重要な条文が内包されている。それを紹介するためにいくつかの条文の意義を記しておきたい。

法律というのは、第一条が最も重要で、多くの場合に「目的」規定を置いており。法律全体の要約になっている。私は法学研究者として、研究していることに関連している法律を精読するとき、最も重視しているのは第一条である。推進法も第一条には、先に示した「目的」だけではなく「手段」「現状」「課題」が明記されている。

推進法でも「手段」や「現状」という文字が明示されていなくとも、「手段」や「現状」にあたる部分は明確に記されている。

「現状」はいうまでもなく、「現在もなお部落差別が存在する」、「情報化の進展に伴って部落差別に関する状況の変化が生じている」という二点である。こうした現状を克服するために推進法が制定されたのである。まさに推進法の必要性を根拠づける社会的事実を明記し、立法事実を第一条で明示したのである。

この現状を克服するために「基本理念」（第二条）と「国及び地方公共団体の責務」（第三条）を定め、具体的施策として「相談体制の充実」（第四条）、「教育及び啓発」（第五条）、「部落差別の実態に係る調査」（第六条）を条文で明記したのである。これらの施策を明記した条文を具体化することは極めて重要である。これらの施策が真に具体化されれば、推進法の不十分さがより一層明確になり、推進法改正の立法事実が明らかになるとともに、改正の原動力にもなる。

先に示した社会システムや社会的規範としての法を改正するためには、その根拠となる具体的事実が必要である。社会の体質的病変ともいえる差別をなくすためには、その原因を明らかにしなければならない。例えば名医と呼ばれている医師は、手術がうまいだけではない。神の手を持つ医師と呼称されることがあり、誤解されているが、正しい治療方針が決定されていなければ病気は治せない。また正しい治療方針を出すためには正確な診断がなくてはならない。つまり病変の正確な状態とその原因を捉えることが大前提となる。それは部落差別を撤廃するときも同様である。

▼原因を明らかにしなければ差別はなくならない

病気になった患者は医師のところに病気を治すために医療相談に来るのである。法律問題で困ったら弁護士のところに法律相談に来るのと同じである。患者を前にした医師は問診をしながら患者の身体の中にある種々のセンサー（感覚器官）が感じ取っている患者の言葉を聴く。そうした問診を通して痛み等の原因を「なぜ、なぜ、なぜ」と追究していくのである。しかし問診だけでは複数ある原因のどれが真の原因かということを明らかにすることができない場合も多い。その時には身体の中をより詳細に調査するためにレントゲンやCT、MRI等を駆使して検査していくのである。

同じように社会を人間の身体に例えるなら、差別の実態や様相とその原因を正確に把握することができなければ、差別的な社会を根本的に治療することはできない。これまでの取り組みだけでは根強く悪質な社会の病変である部落差別を根治することはできなかった。それは推進法第一条の先に紹介した「現在も『なお』部落差別が存在する」という表現に端的に表れている。換言すれば、これまで多くの治療を施してきたが、現在も「なお」病気（部落差別）は克服できず、社会的環境の変化（情報化の進展）に伴って、病気（部落差別）の状況が予断を許さない事態にあるといっているのである。

▼相談と調査は極めて重要な取り組み

つまり病気の状況と原因を明らかにするときには、患者からの問診（相談）と検査（調査）が重要であるように、部落差別の様相と原因を明らかにするためにも、相談と調査は極めて重要な取り組みなのである、この二つを推進法は第四条（相談体制の充実）と第六条（部落差別の実態に係る調査）で明記している。これらの条文を厳正に具体化できれば、部落差別を撤廃するための治療（施策）方針の前提である部落差別の状況と原因がかなり明らかになる。それは部落差別を撤廃するための正しい方針を確立することだけではなく、推進法の不十分さを明確にし、新たな法制度等の必要性を示す立法事実にもなる。また第五条（教育及び啓発）が真に推進されれば、多くの人々の被差別部落に対する差別意識や偏見が克服され、人権感覚が醸成されていく。そうした意識や感覚は一定の世論を形成し、現行推進法だけでは部落差別を撤廃することはできず、推進法の強化改正や新たな差別撤廃立法の制定を求めていく大きな原動力になる。それは均等法の歩んできた過程をみれば明らかである。そのためには推進法の完全具体化を求める取り組みが焦眉の課題であることを再確認する必要がある。

2 改正男女雇用機会均等法の歴史と手法に学べ

▼法は人の行為や態度を変え意識も変える

先に述べた均等法について、さらに述べておきたい。かつて国際法学者であり国際連合の法務部長も務めたオスカー・シャクターは、「法は人の行為を変え、行為は人の態度を変える。さらに心（意識）を変える」と述べ、法的規範やシステムが人々の心に大きな影響を与えることを強調した。また教育とりわけ人権教育では、気づき（心）から態度形成、行動変容を目指し、提言能力まで身につけることができれば、その目的は達成したといえる。この二つの言葉をベースに推進法の積極的な活用と具体化に向けて、「改正男女雇用機会均等法」（以下「改正均等法」という）のセクシュアルハラスメント防止のシステムを参考に考察していきたい。

近年、財務省事務次官のセクハラ問題だけではなく、スポーツ界の各種ハラスメントも大きな問題になっている。財務大臣にいたっては、事務次官のセクハラ問題が最も大きな話題になっているときに「セクハラ罪はない」と発言し批判の的になった。以前から失言の多い人であったが、今日の人権基準から大きくズレていると多くの市民は感じただろう。

痴漢行為をした人を前に、その人を擁護するために「痴漢罪」はないといっているようなものである。痴漢行為は多くの場合、地方議会で制定されている「迷惑防止条例」が適用されることが多い。極めて悪質な痴漢行為に対してだけは強制わいせつ罪が適用されるが、その数は多くない。セクハラも悪質なケースは刑法等が適用されることがあっても、多くのセクハラは刑法犯にはならない。それを自身の部下である財務事務次官がセクハラ問題の加害者として追及されているときに「セクハラ罪はない」という発言をする感覚がまったく理解できなかった。

確かにセクハラには痴漢と同じように「セクハラ罪」という名称の罪はない。セクハラ罪という罪の犯罪構成要件を規定するのは難しい。それでもセクハラが問題な行為であり人権侵害であることは、大多数の人々は認識しており、多くの犯罪名称以上に認知度が高い。

▼改正均等法のシステムを差別撤廃にも

そうした状況を作り出すことができたのは、一九九九年四月一日施行の改正均等法の条文に「事業主のセクハラ防止のための配慮義務」が加えられたからである。しかしこの条文はセクハラ加害者への刑事罰ではなく、後述するようにあくまでも事業主の配慮義務を定めたものである。二〇〇七年四月一日施行の新改正均等法になって、「事業主のセクハラ防止のための『措置』義務」と改められ、その措置義務を遵守《じゅんしゅ》させる法的システムが現行の新改正均等法である。この法的システムの考え方を差別撤廃のためにも活用すべきだと考えている。

この法的システムによって、改正均等法は知らなくてもセクハラが人権侵害であることは大多数の社会人は認識するようになった。そうした視点で考えれば、理念法としての部落差別解消推進法であっても、その活用の仕方によっては部落差別撤廃に大きな力を発揮することができる。それは痴漢を撲滅するために極めて小さな力しか持たない法的規範である迷惑防止条例でも一定の効果を発揮していることを考えれば自明である。

そこで改めて新改正均等法のセクハラ防止の措置義務について、部落差別撤廃の視点も含めて条文等を紹介しながら解説していきたい。

二〇〇七年施行の新改正均等法第一一条には「事業主は、職場において行われる性的な言動に対するその雇用する労働者の対応により当該労働者がその労働条件につき不利益を受け、又は当該性的な言動により当該労働者の就業環境が害されることのないよう、当該労働者からの相談に応じ、適切に対応するために必要な体制の整備その他の雇用管理上必要な措置を講じなければならない。

2　厚生労働大臣は、前項の規定に基づき事業主が講ずべき措置に関して、その適切かつ有効な実施を図るために必要な指針を定めるものとする」と明記されている。この条文が事業主のセクハラ防止の措置義務の根拠条文である。

▼あらゆる分野でセクハラ防止が課題に

一九九九年施行の改正均等法に初めてこの条文が入ったときには「労働者」ではなく「女性労働者」であり、先述したように「措置」ではなく「配慮」であった。その条文がさらに強化されたのが上記の条文である。女性だけではなくすべての労働者が被害者として認定されるようになった。

あえて申し上げるならこの条文がなければセクハラに対する職場や社会における取り組みは現在のように進展していない。またこの条文は文字どおり「職場において行われる性的な言動」が対象である。しかしこの条文が改正均等法で明記されたことによって、職場以外のあらゆる分野でセクハラが大きな問題として認識されるようになった。この条文は上記のとおり加害者を罰することを規定した条文ではない。あくまでも主語は「事業主」であり、述語は「措置を講じなければならない」である。それでも大きな影響力をもって多くの分野からセクハラを撲滅するために効果を発揮している。

それを可能にしているのが第一一条2の「厚生労働大臣は、（中略）必要な指針を定めるものとする」という条文である。もし国の法律や地方公共団体の条例で同様の「指針」が差別撤廃のために制定されたとすれば、その効果は少なくない。

▼事業主が講ずべき一〇項目の指針

この条文に基づいて、事業主が講ずべき措置は、指針により一〇項目が定められており、事業主は、これらを必ず実施しなければならないことになっている。

それが多くの読者もご存じの「事業主が職場における性的な言動に起因する問題に関し雇用管理上講ずべき措置」という指針に定められている以下の内容である。

（一）事業主の方針の明確化及びその周知・啓発の項目で明記されている「①職場におけるセクシュアルハラスメントの内容・セクシュアルハラスメントがあってはならない旨の方針を明確化し、管理・監督者を含む労働者に周知・啓発すること」。「②セクシュアルハラスメントの行為者については、厳正に対処する旨の方針・対処の内容を就業規則等の文書に規定し、管理・監督者を含む労働者に周知・啓発すること」。

(二) 相談(苦情を含む。以下同じ。)に応じ、適切に対応するために必要な体制の整備の項目で明記されている「③相談窓口をあらかじめ定めること」。「④相談窓口担当者が、内容や状況に応じ適切に対応できるようにすること。また、広く相談に対応すること」。
(三) 職場におけるセクシュアルハラスメントに係る事後の迅速かつ適切な対応の項目にある「⑤事実関係を迅速かつ正確に確認すること」。「⑥事実関係が確認できた場合は、速やかに被害者に対する配慮のための措置を適正に行うこと」。「⑦行為者に対する措置を適正に行うこと」。「⑧再発防止に向けた措置を講ずること。(事実関係が確認できなかった場合も同様)」。
(四) (一) から (三) までの措置と併せて講ずべき措置で定められている「⑨相談者・行為者等のプライバシーを保護するために必要な措置を講じ、周知すること」。「⑩相談をしたこと、事実関係の確認に協力したこと等を理由として、不利益な取扱いを行ってはならない旨を定め、労働者に周知・啓発すること」。と一〇項目を定めている。
これらの指針を実施させる強制力は刑事罰ではなく、下記に示すように極めて慎重で緩やかな段階を踏んだものである。

▼報告・助言・指導・勧告・公表・過料の威力

第四章　雑則（報告の徴収並びに助言、指導及び勧告）の第二九条には「厚生労働大臣は、この法律の施行に関し必要があると認めるときは、事業主に対して、報告を求め、又は助言、指導若しくは勧告をすることができる」と規定し、第三〇条「厚生労働大臣は、（中略）第一一条第一項、（中略）の規定に違反している事業主に対し、前条第一項の規定による勧告をした場合において、その勧告を受けた者がこれに従わなかったときは、その旨を公表することができる」と明記している。そして第三三条では「第二九条第一項の規定による報告をせず、又は虚偽の報告をした者は、二〇万円以下の過料に処する」と定めているだけである。

簡潔に述べるなら、厚生労働大臣が「報告」「助言」「指導」「勧告」という行政指導を行い、その「勧告」に従わなかったときだけ「公表」し、「報告」をせず、「虚偽の報告」をしたときに「二〇万円以下」の行政罰としての過料を科すだけである。それでもその効果は多くの企業をはじめとする事業主の取り組みを大きく前進させた。それは事業体だけではなく、あらゆる分野にセクハラ防止の空気を作り上げた。

もしこれらの指針内容と同様のものが職場だけではなく、国や地方公共団体等で差別撤廃のために制定されれば、差別解消はセクハラと同じように大きく前進するといえる。これらの社会的システムとともに、上記の指針にもある「周知・啓発」という教育が十分に展開されていけば社会的な関心は飛躍的に高まる。セクハラ防止でできたことが差別防止でできないはずがない。本来ならば差別禁止法や人権侵害救済法等がそれら指針の根拠法として制定されなければならない。すでに多く国々で制定されており、国際人権諸条約の趣旨にも合致している。部落差別解消推進法の具体化のためにも、改正均等法の歴史と以上に紹介した手法から多くを学び、活用しなければならない。

3 部落差別解消推進法と国・地方公共団体の課題

▼部落差別解消推進法の内容や施行事実を広く啓発すべき

先に示したように法制定・公布・施行は、それだけで人々の意識に多大な影響を与える。また法的システムは、「人と人との関係」にも大きな影響を与え、「差別・被差別の関係」を「平等な関係」に変革することにも積極的な役割を果たす。さらに部落差別の定義や基準設定にも好影響を与える。しかしこうしたことが実現するためには法施行が広く知られなければならない。

残念ながら推進法の施行を認知している市民の割合は、一〇%に満たないと推測されている。これでは法施行の啓発効果を期待できないだけでなく、法を具体化する原動力も大きくならない。国・地方公共団体の施策のあり方を考える大前提として、法の執行機関である各級行政機関が法の内容を広く啓発することが求められている。また以下に記す具体的課題の実現に関して、推進法で明記されていない財政的措置と体制整備を明確に行う必要がある。人的配置と体制整備、それらにともなう財政的措置は政策遂行の基盤的条件である。それらが実現できなければ多くの施策計画は「絵に描いた餅」になってしまう。さらに推進法では地方公共団体に関わる条項は努力義務になっているところが多い。たとえ努力義務であっても地方公共団体の場合、その義務を果たす責任は他の団体以上に重いことも指摘しておきたい。それらの責任を果たすためにも各地方公共団体で部落差別解消推進条例を制定することも重要である。

▼首長の見解と今後の姿勢を明確にする必要がある

上記のためにも第一に地方公共団体の責任者である首長が、推進法が成立し公布・施行されたことへの見解と今後の姿勢を明確にする必要がある。その見解と姿勢は都道府県や市町村行政に大きな影響を与えるだけではなく、議会関係者や住民にも積極的な影響を与える。

第二に推進法第二条で示された基本理念を実現し、第三条で明記されている「国及び地方公共団体の責務」を確実に実行するために、「国は、前条の基本理念にのっとり、部落差別の解消に関する施策を講ずる」ための「基本計画」・「基本方針」と「具体的施策計画」を策定しなければならない。また「地方公共団体は、（中略）その地域の実情に応じた施策を講ずるよう努めるものとする」との規定をふまえ、「基本計画」・「基本方針」と「具体的施策計画」の策定を行うことが必要である。

第三に第四条の「その地域の実情に応じ、部落差別に関する相談に的確に応ずるための体制の充実を図るよう努めるものとする」との規定をふまえ、具体的な体制の充実について人的・財政的・制度的に確立する必要がある。

▼多くの機能を持つ相談体制の構築を

その際、部落差別に関する相談体制の重要性をふまえ、以下に紹介する一一の機能をふまえた相談体制の充実が求められる。

具体的には相談に対応することによって、統計数字には表れない社会の矛盾が明らかになることもあり、実態調査や意識調査の項目や分析視点も提供され、差別や人権侵害事件の端緒を把握することにもつながる。差別に苦しむ人々の苦悩という生の声を把握することができ、正確な現実を把握することができるという「①実態把握機能」を持たなければならない。これらは第六条で示された部落差別実態調査の実施と重なる重要機能である。

その他にも具体的で多様な相談事例が多様な解決方策を提示する「②解決・救済方策提示機能」をもち、相談の原因・背景を正確に捉えるために問題点や背景の分析を行い、相談内容から的確で強力な政策提言ができるようになるという「③分析・政策提言機能」を持つ相談体制が求められる。これら以外にも行政機関や市民団体等の課題を示す「④課題設定機能」や複数の施策・手法を講じることが必要になるなどの「⑤コーディネート機能」なども求められる。さらに相談者の問題を解決するネットワークが必要になることから「⑥ネットワーク創造機能」も構築されることになる。他にも「⑦データ集積機能」、「⑧人材育成機能」、「⑨自己実現支援機能」、「⑩情報発信機能」、「⑪立法事実提示機能」などの機能と役割が必要になってくる。こうした機能は部落差別撤廃の取り組みを大きく前進させる可能性を持ち、推進法の基本理念とも合致する。

▼信頼される実効的な相談体制の整備を

以上のような多様な機能を持つ相談体制でないと信頼される相談機関にはならない。信頼されていない相談機関に差別や人権侵害の被害者である相談者は来ない。例えば専門的な教育を受けた人が相談担当者になっていなければ多くの相談は解決しない。これは前項で示した改正均等法の指針に学ぶ必要がある。これらは過去のデータからも明確である。

二〇〇〇年に大阪府によって実施された大阪府部落問題実態調査の中の「同和地区内意識調査」では、「差別を受けた後、どのように対処したか」という質問に対し、「行政（人権擁護委員等を含む）に相談（連絡）した」と回答した人が一・二％だけとなっており、一〇〇人に一人しか相談（連絡）していない現状が明らかになっている。

部落差別を受けた被害者である部落出身者の九八・八％が、公的機関に対処・救済を求めていないのである。つまり、これまでの人権救済機関が部落出身者からほとんど信頼されていないということであり、これが最も深刻な問題である。これは部落出身者に限らず、他の被差別者も同様の数値であると推測できる。法務省・法務局の人権擁護システムの歴史と今日の状況を見れば、事実上機能不全に陥っていることが一目瞭然である。

こうした状況を克服するような推進法に基づく実効的な相談体制が求められているのであ

る。これから構築されようとしている人権相談システムが、これまでの人権擁護システムと同じような歴史を歩むことがないように十分注意していく必要がある。

現在の人権侵犯事件調査処理規程に基づく人権侵犯事件件数を見れば顕著である。ネット上の人権侵犯事件は膨大であるにもかかわらず統計上の事件件数はわずかである。なぜなら多くの人々が法務省・法務局を当てにせず、相談にも行かないからである。それらの悪循環が連綿と続いてきた。これらの悪循環を断ち切る相談体制の構築が求められている。

形式的な役に立たない相談体制しかできず、実効性のある人権相談システムが構築されなければマイナスの影響を与える。先に示したように解決・救済・支援が十分にできない相談機関に人々は相談に行かない。多くの問題を抱えた人々が相談に行かなければ相談件数が少なくなり、相談事案が発生していないと誤解される。それは差別や人権侵害の現状を軽視する傾向に結びつく。さらに差別撤廃に向けた具体的な取り組みの必要性も軽視されることになる。実効的な相談・救済機関ができれば持ち込まれる人権侵害事案は飛躍的に増加する。潜在的な人権侵害は膨大な量があり、確かな人権相談・救済機関と明確な基準があれば、それらの潜在的な人権相談・侵害事案が人権相談・救済機関に持ち込まれてくる。

▼連携体制、人材養成、総合窓口、ネット対応などの整備を

また相談体制の構築のために二〇〇一年九月に出された大阪府同和対策審議会答申（以下「府答申」という）が、重要な示唆を与える。以下に紹介しておきたい。

「府答申」は、「人権にかかわる相談体制の整備」に言及し、「府は、（中略）人権にかかわる問題が生じた場合に、身近に解決方策について相談できるよう、行政機関をはじめ、NPO・NGO等さまざまな関係機関において、人権侵害を受けまたは受けるおそれのある人を対象とした人権相談活動のネットワークを整備していくことが求められる。その際、人権にかかわる相談には、さまざまな要因が絡み合っているものも少なくないことから、解決のための手だてを本人が主体的に選択できるようにする必要があり、そのためには、きめ細かな対応を行うため、（中略）地区施設における相談機能の充実も含めて、複合的に幅広く相談窓口を整備していくことが求められる。

また、自らの人権を自ら守ることが困難な状況にある府民については、相談窓口から個別の施策や人権救済のための機関へつなぐことも重要である。

府においては、こうした観点から、関係機関の協力を得ながら具体的な人権相談を実施している機関相互間の連携体制の確立、人権相談を受ける相談員の技能向上等を図る人材養成、具

体的な事例をもとにした人権相談に関するノウハウの集積などを図り、人権に関する総合的な相談窓口機能を整備する必要がある」と明記している。全国的にも参考にすべき内容である。

設置される相談体制において、「府答申」が指摘しているように機関相互間の連携体制の確立、人権相談を受ける相談員の技能向上等を図る人材養成、具体的な事例をもとにした人権相談に関するノウハウの集積などを図り、人権に関する総合的な相談窓口機能が整備される必要がある。単なる窓口の設置だけで終わらせてはならない。

さらに、時代とともに変化・発展していく人権基準や人権相談内容に合致した人権相談システムを創造していくことも重要である。

人権問題は社会の進歩、科学技術の進歩とともに、より高度で複雑で重大な問題になっていく。それらのより高度で複雑で重大な人権問題に対応できる相談体制も求められている。近年、インターネット上で多種・多様な人権侵害事象が発生している。このような問題にも的確に対応できるシステムが必要である。

▼「教育基本方針・計画」「具体的方針・計画」の策定を

第四に推進法第五条の2では「地方公共団体は、国との適切な役割分担を踏まえて、その地域の実情に応じ、部落差別を解消するため、必要な教育及び啓発を行うよう努めるものとする」との規定が置かれている。これらの規定を具体化するために以下の点について明確にしなければならない。

まず①国・地方公共団体や教育委員会において、部落差別撤廃（解消）教育の定義について明らかにすべきである。さらに②「部落差別撤廃教育基本方針」や「部落差別撤廃教育基本計画」、「具体的方針・計画」を策定することが求められる。③「地域の実情に応じ」た教育内容・カリキュラム・教材等を学校教育、社会教育、職場教育等の教育分野ごとに地方公共団体や教育委員会で作成することも必要である。具体的な教育を推進するときには、カリキュラム・教材なくしてできない。④として法第一条の「情報化の進展に伴って部落差別に関する状況の変化が生じていることを踏まえ」という点を重く受け止め、電子空間上の部落差別を克服する教育・啓発を推進するための教育内容・カリキュラム・教材等を教育分野ごとに作成することが求められている。今日においては部落差別撤廃教育での最重要課題といえる。

▼ネット上の差別扇動行為に対応できる教育体制を

電子空間などのネット上には差別事件や差別扇動が横行しており、それらも含めた部落差別の現実を正確に把握する必要がある。これは今日の部落差別実態を正確に把握する上でも欠かせないことである。ネット上の部落問題に関する情報は、多く点で誤っており偏見を助長する内容になっている。これらの情報に接した人々の中には誤った認識のまま他の人々に拡散し続けている者もいる。

換言すればネット上の情報は、部落差別助長教育いわゆる偏見や差別意識を流布する行為を日々行っているといっても過言ではない。特に若者はこれらの情報にさらされており、これらに対抗できる部落差別撤廃教育の推進やネットリテラシー、情報リテラシー教育が焦眉の課題になっている。上記に紹介した教育・啓発の課題もネット上の差別状況をふまえて推進する必要がある。

以上のことを具体的方針として実行していかなければ推進法第五条は具体的な政策にならない。また上記の教育内容・カリキュラム・教材等を教育分野ごとに作成する際、部落差別・人権侵害事件を予防・発見・救済・支援・解決できる視点を堅持することも重要である。人権教育や部落差別撤廃教育の目的は、すべての人の人権が尊重され、自己実現ができるような社会を創造し、それらを担う人間を育てるためであり、そのためには現実の人権課題が人権教育の原点でなければならない。現実の人権課題を担う相談体制と部落差別撤廃教育の連携を十分に図ることも重要な課題である。

▼電子空間上の差別事案に対する取り組みを

私たちは電子空間もそれを悪用する差別扇動者も十分に制御できていない。このよう現状をふまえた取り組みがあらゆる分野、あらゆるレベルで求められている。それらの取り組みを地方公共団体や国は率先して推進すべきである。先駆的な地方公共団体では取り組みが始まっているが、十分な成果を上げることができていない。すべての都道府県や市町村に「〇〇県（市・町・村）電子空間人権侵害事件対策本部」が設置されることが重要な一歩になるといえる。それらの対策本部でネット上の差別事象や人権侵害事象の現実を把握し、事象の差別性や問題点、背景・原因、克服すべき課題と具体的方針・政策を明確にして取り組んでいく必要がある。そうした取り組みを推進しなければネット上の差別事象は克服されない。

一九七五年に「部落地名総鑑」差別事件が発覚したときは、法務省や地方公共団体で同様の対策本部が設置された。推進法が、あえて「情報化の進展に伴って」という規定を法律全体の要約ともいえる第一条に入れたことをふまえ「部落地名総鑑」差別事件と同様の取り組みを展開しないと部落差別撤廃は前進しない。

また推進法第五条では「国は、部落差別を解消するため、必要な教育及び啓発を行うものとする。2　地方公共団体は、国との適切な役割分担を踏まえて、その地域の実情に応じ、部落差別を解消するため、必要な教育及び啓発を行うよう努めるものとする」と記し、部落差別「意識」だけではなく「部落差別」を解消するための教育及び啓発の必要性を明記しており、被差別部落の低学力等の課題も部落差別撤廃教育の重要な課題であるという認識を持たなければ「部落差別解消」のための教育とはいえない。また教育に関わっては部落差別以外の多くの社会的課題が存在しており、それらの課題克服と結びつける形で部落差別撤廃教育を推進しなければ真に前進しない。

▼調査手法を駆使して実態調査の実施を

第五に推進法第六条では「国は、部落差別の解消に関する施策の実施に資するため、地方公共団体の協力を得て、部落差別の実態に係る調査を行うものとする」と規定されている。これらの条文をふまえ、「施策の実施」を行うために差別事件、意識、実態、社会システムなどの各分野の現実をあらゆるデータと調査手法を駆使して実態調査の実施を国や地方公共団体は早期に取り組むべきである。そのためにも現場を知っている地方公共団体が国に先駆けて、これまでの調査実績をふまえ、被差別部落の生活実態をはじめ被差別部落内外の意識状況や差別事件の実態を電子空間上も含めて把握すべきである。差別事件の把握に関しては、その差別性や背景・原因、課題等の分析も重要であることを付け加えておきたい。調査手法に関してもこれまでの用紙を配布した生活・教育・雇用等の調査だけではなく、国勢調査や行政データを活用した分析、被差別体験の聞き取り分析など多種多様な手法を駆使する必要がある。

人の身体に例えるなら、あらゆる医療機器を駆使して病の原因を探るのと同様の緻密さが求められる。医療も問診をはじめ血液検査やレントゲン検査、ＭＲＩやＰＥＴなど多様な機器や手法を駆使して病の原因を明らかにし、治療方針を選定していく。これらと同様の緻密さが部落差別実態調査にも求められる。そうした実態把握を行わない限り数百年（「解放令」以降でも約一五〇年）続いた差別という社会の「病」を根治することはできない。電子空間上の差別実態に関しても、集約するために活用できるソフトも開発されている。つまり部落差別解消推進法の目的を実現するためには、部落差別の原因に迫れる多種多様な実態調査が求められていることを忘れてはならない。

補章 「湯浅町部落差別をなくす条例」に学べ

1 ネットモニタリングを義務付けた条例

▼実態調査と基本計画の策定を義務付け

和歌山県「湯浅町部落差別をなくす条例」（以下「本条例」という）が二〇一九年四月一日に公布され、一〇月一日から施行された。推進法が施行されてから全国各地の地方議会で部落差別解消推進条例（以下「推進条例」という）が制定されてきた。その中でも湯浅町条例は出色である。多くの推進条例は推進法の条文と同様の規定を設けているものが多く、新たな規定を挿入している場合でも、推進法にはない審議会規定をプラスしている条例がほとんどである。

しかし湯浅町条例は、一九条と附則からなる条例で、他の条例と比較して多くの条文を置いている。とりわけネット上の差別事案に対してモニタリングを行うことを明記した意義は極めて大きい。引用が長くなることをお許し願って、本条例の特徴を紹介していきたい。

第一条の「目的」規定で、推進法にはない「世界人権宣言の精神」の理念に基づくことも加えられており、より一層内外人平等の理念を明確にしている。また第七条で「計画及び調査」の規定を置き、湯浅町部落差別解消推進基本計画の策定を義務付けている。そして推進法にも存在する調査に関しても、その基本計画と結びつける形で「部落差別の実態に係る調査」規定を置いている。つまり「基本計画」を策定するための「実態調査」であることを明確に示している。推進法に関して多くの執筆を行ってきたが、そうした拙稿の中でも部落差別撤廃計画や方針を策定するために実態調査が必要であることを強調してきた。それが条文として配置されている意義は高く評価できる。

▼地元団体等との連携を図ることを明記

第八条の「推進体制の充実」規定では「町は、（中略）計画を効果的に推進するため、（中略）必要と考えられる団体等との連携を図る（後略）」と定め、国や県との連携だけではなく、部落差別撤廃を目指している地元団体等との連携を明確にしている。今後の部落解放運動にも大きな影響を与えるものである。文末は「努めなければならない」との努力規定であるが、こうした点を条文で明記したことは、部落差別撤廃に向けた取り組みにおいて、「計画を効果的に推進するため」に各種の団体と連携するということを明確にした姿勢で、今後の部落差別撤廃行政（同和行政）や人権行政の取り組み手法を示したものとして重要な規定である。こうした手法や姿勢を多くの地方公共団体においても積極的に取り入れる必要がある。

さらに第九条（モニタリング）の規定では、「町長は、差別の助長及び拡散を抑止することを目的に、モニタリングを行うものとする。2 町長は、前項に規定するモニタリングにおいて、町に関係する差別書込み等を発見した場合は、必要な方法によりそれを消去するよう努めるものとする。3 町民等及び事業者は、町に関係する差別書込み等を発見した場合は、町長に報告するものとする。4 町長は、前項に規定する報告を受けた場合は、内容を確認し、必要と認める場合は、それを消去するよう努めるものとする」と明記しており、先進的な地方公共団体が進めているネットモニタリング活動を条例で義務付けている。本条文は、町長に対して「差別の助長及び拡散を抑止することを目的に」モニタリングを行うことを責務として明確に示し、町民等や事業者に対しても「差別書込み等を発見した場合」の報告を課している。極めて重要な規定である。

▼ネットを放置していては差別撤廃は不可能

四〇年以上前の一九七五年に「部落地名総鑑」差別事件が発覚した。その当時、ネット上に同じような被差別部落の一覧表が掲載され、いつでも、どこでも、誰でもネットにアクセスさえすれば、その所在地を閲覧できるようになる時代が来るとは想像さえしなかった。しかし今や部落差別事件の九九％以上がネット上で発生発覚している。厳密にいえば膨大なネット上の部落差別事件のほとんどは、法務省の人権侵犯事件調査処理規程に基づく人権侵犯事件としてカウントさえされず、情報収集案件にすら含まれていない。まさに私たちが現実世界で追い詰めてきた部落差別が、ネットで大きく息を吹き返したような状況になっているのである。このネット上の差別書込み等を監視しようという取り組みを条例という地方公共団体における法規範で規定した意義は極めて大きい。

今日のような差別状況をふまえれば、ネット上の部落差別撤廃に取り組まない限り、差別撤廃が前進しないことは明白であり、その取り組みを条例で明確に位置づけたことは、全国各地の地方公共団体に積極的影響を与えることにもなる。またネット上の差別撤廃に向けた社会システムの一つのモデルを示した条例ともいえる。

こうした条例が全国各地の地方公共団体に広がれば、推進法改正にも大きな影響を与えることができる。またネット上だけではなく、部落差別事件の大きな抑止につながる。差別意識の是正にも効果を発揮する。国際法学者であったオスカー・シャクターの「法は人の行為を変え、行為は人の態度を変える。さらに意識を変える」といった状況を一層促進させることができる。

▼条例で差別行為の情報提供も規定

この第九条の前提に第二条の「定義」が置かれていることも見落としてはならない。この条項では八つの用語についての定義を置き、その（5）で「差別行為」の定義を以下のように明確にしている。「差別行為とは、誤解や偏見に起因する個人若しくは不特定多数又は被差別部落等を対象とした言動、落書き等の部落差別と見なされる誹謗中傷行為、就職又は結婚等を理由とする被差別部落の調査及びその他これらに類する行為をいう」と明記している。（3）では「モニタリングとは、インターネット上における部落差別と見なされる書込み及び投稿等（以下「差別書込み等」という。）を監視することをいう」と定義し、モニタリングを行うべき対象を「部落差別と見なされる書込み及び投稿等」と明確に示している。それだけではない。上記の条文とともに、ネット上のモニタリングだけではなく、現実空間の「差別行為の情報提供」も第一一条で「町民等は、差別行為を知り得た場合は、速やかに町長に情報提供するものとする。2 事業者は、業務中又は管理する施設内で差別行為を発見した場合は、速やかに町長に情報提供するものとする。3 被差別者は、当該差別行為の解消を目的に、町長に申し出ることができる」との規定を置き、条例で差別行為に取り組むこと、事業者や町民等の情報提供規範、被差別者の申し出る権利を明確に記している。

▼教育・啓発にも積極的な影響を与える

もしこうした規定が国レベルの法律になれば、部落差別行為を抑止し、差別撤廃のために極めて大きな効果を発揮するといえる。まさに一九六五年に内閣総理大臣に提出された内閣「同和対策審議会答申」の一部の実現であると捉えることもできる。「答申」は多くの読者もご存じのように「残された差別に対する法的規制」の必要性を述べ、差別事件の実態を把握することや差別が許しがたい社会悪であることを明らかにし、「差別から保護するための必要な立法措置」を講じることを政府に要請した。しかし半世紀以上が過ぎた今日においてもいまだ実現していない。そうした状況を是正し、モニタリングの実施や差別行為の情報提供を条例で町民や事業者に求めることは、先に紹介した「同和対策審議会答申」の一部を実現したことにもなる。モニタリングの実施は、これまでから多くの地方公共団体が行ってきたことであるが、それを町議会で制定する条例という法制度で実現したことは、町民等への啓発や教育にとっても積極的な影響を与える。

▼差別者への指導・勧告・命令・公表を条文に

さらにそれらのモニタリングや情報提供に対して、以下の条文でその後の取り組みを詳細に定めている。まず第一二条（差別行為の調査）では、「町長は、前条各項に規定する情報提供を受けた場合は、当該差別行為の調査を行うものとする。2 事業者は、前条第2項に規定する情報提供を行った場合は、業務に支障がない範囲で、当該差別行為に係る調査に協力するよう努めるものとする。3 町長は、第1項に規定する調査の経過及び結果について、審議会に諮問するものとする」と定め、第一三条（差別者への指導及び助言）では「町長は、審議会の答申を踏まえ、差別者の誤解、偏見等を取り除くことを目的に指導又は助言（以下「指導等」という。）を行うものとする。2 町長は、必要と認める場合は、差別者の家族等に指導等を行うことができる」とまで規定している。

以上の指導に従わない場合や差別行為を繰り返す場合は、第一四条（差別者への勧告）で「差別行為を行わないように勧告することができる」と規定し、その勧告にも従わない場合は、第一五条（差別者への命令）で「期限を定めて当該勧告に従うように命令することができる」と定めている。それにも従わなかった場合には、第一六条（差別者の氏名等の公表）で「正当な理由なく命令に従わない場合は、その者の氏名等を公表することができる。2 町長は、前条の規定により氏名等を公表する場合は、あらかじめ公表されるべき者にその理由を告知し、意見を述べる機会を与えるものとする」という規定を置いて、差別行為者の抑止・是正等を実現しようとしているのである。

▼セクハラ防止指針のような規定が重要

改正男女雇用機会均等法やその指針によるセクハラ防止の取り組みに学び、その手法を活用して差別防止を進めることを先述したが、本条例は、改正均等法の手法を一部取り入れているといえる。こうした条文とともに、第一七条（被差別者の支援及び救済）で「町は、この条例に定めるもののほか、被差別者への支援及び救済に積極的に努めるものとする」という規定も置いている。改正均等法でいえば「事業主のセクハラ防止の措置義務」ともいえる規定である。セクハラ防止規定は職場が対象であったが、社会全体にもセクハラ防止の大きな成果を上げることができた。そうした成果を得ることができた大きな要因の一つが、実効性のある詳細な指針の規定である。

本条例においても、これらの規定が実効性を持つか否かは、第一九条（委任）の「この条例に定めるもののほか、必要な事項は町長が別に定める」との条文をふまえて、どのような「事項」が定められるかにかかっているといえる。改正均等法のセクハラ防止指針のような規定が策定されれば、より一層の実効性を持つことになる。こうした湯浅町の取り組みに全国各地の地方公共団体や部落解放運動も学ぶ必要があることを強調しておきたい。

最後に繰り返しになるが、今日の部落差別の実態把握に際して、電子空間上の差別実態や差別扇動の正確な把握と分析を徹底して行うことが最重要課題の一つであり、部落解放運動の改革前進と密接に関わっていることを強調して筆を置きたい。

あとがき

本書を執筆しながら全国各地で部落解放運動をはじめとする差別撤廃運動に取り組んでいる多くのリーダーや、その運動に支援・協力していただいている多くの労働組合、宗教者、NPO関係者、企業関係者、教育関係者、行政関係者等の顔が思い浮かんだ。そのような方々の願いや目標を実現するためには何が求められているのかを常に念頭において執筆していたことを思い出した。

本書のキーワードは読んでいただいた方には十分理解していただけたと思うが、「激変する社会」であり、「IT革命」「人口変動」「クライシスをチャンスに」「社会システム」「サイバー部落解放運動」「変革」等であった。その一つである「人口変動」ついて本書でもすでに述べたが繰り返しておきたい。

日本の人口減少は歴史的に見て四度目である。縄文時代後半、鎌倉時代、江戸時代中後期、そして現代である。過去に人口が減少しても再興できたのは、異文化を取り入れて社会を発展させてきたからである。この視点は部落解放運動にとっても重要なのである。どのように異なった文化や考えを取り入れていくのかということが重要なのである。その最重要の一つが本書で示したように「ＩＴ革命」にともなう社会の変化を十分に取り入れ、「クライシスをチャンスに」することだといえる。

社会や部落解放運動がこれから下降し続けていくのか、大きく変貌し再興していくのかは、困難を克服する私たちの柔軟な発想や考え方、政策に深く関わっている。部落解放運動もこれまでと同じ思考、枠組みで考えるだけでは組織の再生はできない。再生の大前提は今日の部落差別や部落解放運動を取り巻く現実の厳正な直視である。それが厳しい現実を味方にする最短の道である。

かつて第二次世界大戦中のイギリス首相ウィンストン・チャーチルは「悲観主義者はすべての好機の中に困難を見つけるが、楽観主義者はすべての困難の中に好機を見出す」と述べたことがあった。今、私たちにもそうした視点が求められている。

本書は、(一社)部落解放・人権研究所が発行している月刊誌『ヒューマンライツ』の連載原稿やその他の雑誌に掲載した原稿を整理し大幅に加筆修正を加えたものである。

最後に拙著の上梓のために、上記連載原稿の執筆のためにサポートしてくれた部落解放・人権研究所のスタッフや、本書をまとめるために支援していただいた解放出版社の方々にお礼を申し上げたい。また助言をいただいた全国各地で部落解放運動や人権確立運動に取り組んでいる多くの友人、仲間にも敬意と感謝を申し上げたい。そして心身ともに支えてくれた妻に心より感謝したい。

二〇一九年八月一六日　台風一〇号が過ぎ去った夏真っ盛りの自宅にて

北口末広

北口末広（きたぐち すえひろ）

1956年大阪市生まれ。近畿大学人権問題研究所・主任教授。京都大学大学院修了（法学研究科修士課程）国際法専攻。（一財）アジア・太平洋人権情報センター顧問、（一社）部落解放・人権研究所理事、（一財）おおさか人材雇用開発人権センター副理事長、特定非営利活動法人ニューメディア人権機構理事長、NPO法人多民族共生人権教育センター理事ほか。
著書に『人権相談テキストブック』（共著）、『必携 エセ同和行為にどう対応するか』（共著）、『格差拡大の時代—部落差別をなくすために』（単著）、『ゆがむメディア—政治・人権報道を考える』（単著）、『ガイドブック 部落差別解消推進法』（共著）、『ネット暴発する部落差別—部落差別解消推進法の理念を具体化せよ』（単著）、『科学技術の進歩と人権—IT革命・ゲノム革命・人口変動をふまえて』（単著）、『ゆがむメディア ゆがむ社会—ポピュリズムの時代をふまえて』（単著）〈いずれも解放出版社〉など多数。

激変する社会と差別撤廃論
——部落解放運動の再構築にむけて

2019年10月20日　初版 第1刷発行

著者　北口末広

発行　株式会社　解放出版社
大阪市港区波除4-1-37　HRCビル3階　〒552-0001
電話 06-6581-8542　FAX 06-6581-8552
東京事務所
東京都文京区本郷1-28-36　鳳明ビル102A　〒113-0033
電話 03-5213-4771　FAX 03-5213-4777
郵便振替 00900-4-75417　HP http://kaihou-s.com/

装幀　鈴木優子

印刷　モリモト印刷株式会社

ISBN 978-4-7592-1035-4　C0036　NDC 360　194P　19cm
定価はカバーに表示しています。落丁・乱丁はお取り換えします。

障害などの理由で印刷媒体による本書のご利用が困難な方へ

本書の内容を、点訳データ、音読データ、拡大写本データなどに複製することを認めます。ただし、営利を目的とする場合はこのかぎりではありません。

また、本書をご購入いただいた方のうち、障害などのために本書を読めない方に、テキストデータを提供いたします。

ご希望の方は、下記のテキストデータ引換券（コピー不可）を同封し、住所、氏名、メールアドレス、電話番号をご記入のうえ、下記までお申し込みください。メールの添付ファイルでテキストデータを送ります。

なお、データはテキストのみで、写真などは含まれません。

第三者への貸与、配信、ネット上での公開などは著作権法で禁止されていますのでご留意をお願いいたします。

あて先：552-0001 大阪市港区波除 4-1-37 HRC ビル 3F 解放出版社
『激変する社会と差別撤廃論』テキストデータ係

テキストデータ引換券
『激変する社会』
1035